Eléments de Grammaire

parallèle et comparée des langues
Russe, Allemande, Anglaise,
Italienne, Espagnole, Portugaise
pour les Français

Alphabets

et

Règles générales sur la prononciation

Imprimerie Blanc-Pascal

27 rue de l'Estrapade et 8 rue d'Ulm. Paris.

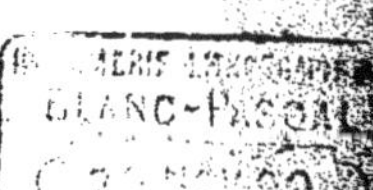

Obs. Une bonne prononciation, comme l'accent tonique, c.à.d. l'art d'appuyer sur la syllabe tonique du mot, ne peut s'acquérir que par l'ouïe, soit près d'un bon professeur (4 ou 5 leçons consacrées à la prononciation suffiraient), soit en pays étranger.

Dans tous les cas il sera toujours possible d'avoir recours aux Dictionnaires qui donnent la prononciation figurée des mots.

Préface.

La connaissance des principaux idiomes parlés et écrits aujourd'hui sur les deux continents est une nécessité de premier ordre.

En effet, les grands problèmes sociaux qui sont à l'ordre du jour des nations, les tendances internationales, les aspirations humanitaires, les intérêts moraux et matériels, les congrès diplomatiques, scientifiques et littéraires tenus sous la haute direction des gouvernements et des sommités du monde savant; les chemins de fer, le télégraphe et le téléphone qui ont supprimé les distances, renversé les frontières; tout, dis-je, tend forcément à rapprocher les peuples les uns des autres, à faire naître une sympathie et une estime mutuelle, et cela en raison même de l'immuable Loi d'attraction des corps sociaux.

Malheureusement le grand rempart qui circonscrit encore les nations dans leurs camps respectifs, c'est la multiplicité des idiomes.

Des hommes de génie et de cœur voudraient se tendre une main fraternelle par dessus les frontières, et faire entendre au monde entier la voix de la raison et de la sagesse, apaiser les haines séculaires; mais leurs paroles manquent forcément d'écho en venant expirer au pied de la Montagne ou Océan au delà desquels on répond tristement : nous ne pouvons nous comprendre.

Or, bien des intelligences d'élite se sont employées à vaincre cette grande difficulté. Les uns ont inventé une langue factice (Volapuck); les autres ont préconisé tel idiome comme langue internationale; mais le succès n'a point encore couronné leurs généreux efforts.

Quelle solution faut-il donc chercher? Nous répondrons simplement :

« Attendu que chaque pays ne renoncera jamais à la langue de ses ancêtres, à son passé historique comme à ses gloires nationales et littéraires, il convient de vulgariser les six ou sept principaux idiomes les plus répandus, en habituant l'enfant à lire, sinon à parler couramment telle ou telle langue, suivant ses goûts et ses aptitudes mnémoniques.

Au bout de quelques années de cette pratique idiomatique, l'un des grands problèmes sociaux, la diffusion des idées, sera résolu ».

Paris, le 29 Septembre 1890.

X.

Rufse

Caractères typograph.	Caractères manuscrits	Sons propres	Sons accidentels	Exemples de prononciation.
А а	А а	a	e	каша (kacha) gruau | лошадь (lôchédi) cheval.
Б б	Б б	b	p	бабка (babeka) grand'mère. | бобъ (bopp) fève.
В в	В в	v	f	вонъ (~~dehors~~) dehors | ровъ (rof) fossé.
Г г	Г г	g. gh	k. h kh. v.	гора (gara) montagne. | другъ (drouk) ami. | Бога (bo'ha, comme dans l'H aspiré all.) Dieu. | лёгкій (liokh'kii; ce kh correspond au ch all.) léger. | его (iévo) de lui. Nota: Dans les inflexions аго, яго, ого et его des adjectifs et des pronoms, le Г se prononce toujours comme un V.
Д д	Д д	d.	t.	дно (dno) fond. | родъ (rott) genre.
Е е	Е е	iè. è	io. o	ему (iémou) à lui | сердце (serttgé) le cœur. | берёза (bério'za) le bouleau. Rem. Au commencement des mots les lettres Е et Ѣ sont toujours mouillées (ié - ié).
Ж ж	Ж ж	j	ch.	жду (j'dou) j'attends. | мужъ (mouch) mari.
З з	З з	z	.	звонъ (zvon'n) son. | глазъ (glas) œil.
И и	И и	i	i (iotisé)	миръ (mire) paix. | имъ (iim'm) à eux. Rem. Cet И est iotisé au commencement des diverses inflexions du pronom de la 3e personne
І і	І і	i	.	comme l'i français = намѣреніе (na'mè rè nié) intention, dessein.
К к	К к	k	kh	крестъ (krestt) croix, décoration. | кто (kh'to) qui - къ кому (kh' kamou) vers qui - Rem. La voyelle ъ ne se prononce pas dans les particules въ (dans) - къ (vers, chez) - съ (avec), et à la fin des mots -
Л л	Л л	l	.	салатъ (salatt) salade - Rem - L'л suivi du ъ (é dur) a un son guttural à la fin des verbes = писалъ (pisall') il écrivit.
М м	М м	m	.	восемь (vosseumm) huit.
Н н	Н н	n	.	тронъ (tron'n) trône.
О о	О о	o	a.	дома (doma) maison. | хорошо (kharacho) bien - Rem - imp: Presque toujours O a le son de A quand cette voyelle précède la syllabe tonique - L'accent tonique est indiqué par le signe (') dans le diction. de Makaroff
П п	П п	p.	.	столпъ (stolpp) colonne.
Р р	Р р	r	.	рядъ (riadd) rang, file.
С с	С с	s. ç	z.	сестра (sestra) sœur. | созывать (zzizva'ti) appeler.
Т т	Т т	t'	d.	тётка (tiot'ka) tante. | отдать (adda'ti) rendre.
У у	У у	ou	.	пагуба (pagouba) perte.
Ф ф	Ф ф	f	.	фонарь (fanar) lanterne.
Х х	Х х	kh.	.	храмъ (kram) temple. Rem. Cet X a une aspiration gutturale qui se rapproche de celle du ch all. dans ich (je) et du j esp. dans hijo (fils); il faut entendre cet accent de la bouche même d'un russe.
Ц ц	Ц ц	ts. tz	.	царь (tsari) roi; comme le Z all. dans Zug (tzoug) train, convoi.
Ч ч	Ч ч	tch.		часъ (tchass) heure - même articulation que celle du ch angl. dans church (tcheurtch) église - que dans le ce, ci ital: Cesare (tchésaré) César - que dans le ch esp. mucho (moutcho) beaucoup.
Ш ш	Ш ш	ch.		ширмы (chirmoui) paravent. répond au sch. all. et au sh angl.
Щ щ	Щ щ	(ch-tch)		щука (ch-tchouka) brochet - consonne double réunissant le son du Ш et celui du Ч. Le Щ est une consonne chuinchante produite par un sifflement de la langue contre la racine des dents inférieures et dont l'articulation est assez difficile à obtenir au début; les autres chuinchantes sont: Ж, Ч et Ш.
Ъ ъ	Ъ ъ	(e dur ou e muet)		ne se prononce jamais, mais donne à la consonne finale du mot un son un peu sourd et dur. V. ci-dessus родъ (genre) et писалъ (elle écrivit).
Ы ы	Ы ы	(i dur, sourd ou guttural)		сынъ (syne ou süne) fils, articulation sourde venant du gosier.
Ь ь	Ь ь	(i doux muet ou très bref)		знать (zna'ti) savoir - son très bref et légt mouillé à la fin des verbes russes. здоровье (zdapovié) la santé.
Ѣ ѣ	Ѣ ѣ	ie. iate, iè ou é		au commencemt des mots se prononce iè (V. E ci-dessus). ѣсть (iét'i) manger - à la fin des mots é = послѣ (poss'lé) après.

Caractères typograph.	Caractères manuscrits	Sons propres	Sons accidentels	Exemples de prononciation.
Э э	Э э	è		это (èto) ce, ceci, cela.
Ю ю	Ю ю	iou		люблю (liou bliou) J'aime.
Я я	Я я	ia	iè è	cette voyelle molle est mouillée lorsqu'elle est accentuée (comme Ja all = oui) яма (iama) la fosse — ou lorsqu'elle se trouve à la fin des mots = время (vrémia) le temps. | non accentuée = iè = ядро (iédro) le boulet | et è après une consonne = десять (dècèti) dix. Rem. La syllabe ся des verbes pronominaux se prononce sa : стараться (starat'sa) s'efforcer. Le pronom fém. ея (d'elle) a le son de iéio.
Θ θ	Θ θ	f.		comme ф ci-dessus.
Ѵ ѵ	Ѵ ѵ	i (ijitza)		peu usitée.
Й й	Й й	i (i court)		мой (moï) mon — дай (daï) donne, son très bref.

Nota. 1. Les remarques faites ci-dessus ainsi que celles qui suivent ne doivent être considérées que comme des indications propres à faciliter les débuts des jeunes étudiants.

11. Il est en outre assez difficile d'indiquer l'accent tonique dans les langues étrangères : en général il se trouve sur la syllabe radicale ; mais l'usage sera toujours le guide le plus sûr en cette matière.

Allemand.

Caractères typograph.	Caractères manuscrits	Sons.	Exemples de prononciation.
A a	A a	a. ä = è ai = aï aa = â au = aou	Bad (bâd) bain. | Bär (bèr) Ours. | Aal (âle) anguille. Rem. Une voyelle double se prononce comme une voyelle simple fortement accentuée. | Mai (maï) Mai. | auf (aouf) sur.
B b	B b	b.	Bitte (bitte) prière.
C c	C c	c (tcé) K.	devant ä, e, i comme tcé. Citron (tcitron) citron — Ceder (tcèder) cèdre — Cäsar (tcésar) César. | ailleurs comme K. Kapitel (kapitel) chapitre.
D d	D d	d.	Ding (dinn'gue) chose.
E e	E e	è. e. œ ei = aï eu = oï ee = ê	comme un è ouvert. wer (vèr) qui. | e muet dans Nase (nâze) nez. | Maler (malœr) peintre. | bei (baï) chez. | treu (troï) fidèle. | Meer (mêre) mer.
F f	F f	f.	faul (faoul) paresseux.
G g	G g	g. gue.	son légt. guttural et aspiré dans Regen (rêgu'en) pluie — geld (guèld) argent.
H h	H h	h (ha)	au commencet. des mots s'aspire fortement. Herz (hèrt ce) cœur. | au milieu et à la fin des syllabes il ne se prononce pas, il rend seulement la voyelle qui précède plus longue. Wahl (vâl) choix.
I i	I i	i. ie. î	Ich (iche) je — Inschrift (inn'chrifte) inscription. Rem. L'i suivi d'un e est allongé = lieb (lîb) cher.
J j	J j	j (iott)	ja (ia) Oui — jagen (iagueun') chasser, courir.
K k	K k	k.	Kalt (kalt) froid.
L l	L l	l.	Löwen (leuveun) Lion.
M m	M m	m.	mögen (meuguen'n) pouvoir.

Caractères typograph.	Caractères manuscrits	Sons	Exemples de prononciation.
N n	N n	n	noch (noche) encore.
O o	O o	o. ö = eu oo = ô	Ohr (ôre) oreille. | ö a le son de eu. V. ci-dessus mögen | oo = ô long Moos (môss) mousse.
P p	P p	p	Prozeß (pro' tsess) procès.
Q q	Q q	q (Kiou)	Qual (Koual) tourment.
R r	R r	r	Reiter (raï'tœr) l'e muet a presque le son de eu = raïteur) cavalier.
S s	S s	z. s.	son doux devant les voyelles : sollen (zoll'en) devoir. | son dur à la fin des mots = Loos (lôss) sort. |
	ss	s = ss	wissen (viss'en) savoir.
ß	ß	sz (stsett)	reißen (raïss'en) rompre (comme un S dur, et la finale en se fait à peine sentir.).
st	st	st. cht.	fasten (fast'en) jeûner ; | au commencᵗ des syllabes cht = Stahl (chtâl) acier.
sp	sp	sp. chp.	au commencement d'une syllabe chp = Spiel (chpile) jeu.
T t	T t	t	Trab (trab) trot.
U u	U u	ou	gut (goute) bon | Glück (gluk) bonheur.
	ü	ü = u (français)	
V v	V v	(faou)	comme un f. Vater (fater) père.
W w	W w	v (vé)	waschen (vachen'n) laver.
X x	X x	x	Xanthippe (Xantippe.
Y y	Y y	ipsilon)	Hymne (hymne)
Z z	Z z	z. (tsett).	a le son de tss. Zahl (tsâl) nombre.
tz	tz	tz. (ttsett)	nützen (nutsen'n) être utile,
th	th	th = t.	Thier (tir) animal.
ph	ph	ph = f	Prophet (profêt) prophète.
ck	ck	ck = k	backen (baken) cuire.
sch	sch	ch.	schlafen (chlâfen) dormir.
ch	ch	ch ou K.	Küche (kuche) cuisine – (son adouci du gosier) | ch = K dans Chor (Kôr) chœur, et se prononce che dans Charade = Charade.
chs	chs	x.	Ochs (okss) bœuf.

Rem. I. Les consonnes doubles ll, tt, nn rendent la voyelle brève. Ex. Bett (bett) lit ; bitte (bitt) demande.

II. Une voyelle suivie d'une consonne et d'une autre voyelle est généralᵗ longue. Ex. bieten (bît'en) offrir.

Anglais.

Lettres	Sons	Exemples de prononciation.
		Obs. gén. Une voyelle suivie d'une consonne et d'un e muet est généᵗ longue, elle est brève si la consonne termine le mot.
A. a	a. e. é ou ô	hat (hatt) Chapeau | fate (fête) sort | animation (animé cheune) animation, | water (ou'aû teur) eau. | false (fôlse) faux.
ai - ay	è (long)	hail (hèle) grêle – day (dè) jour.
au - aw	ô long	fault (fôlt) faute | dawn (dône) aurore.
B. b	b	muet après m = lam (lam) agneau – comb (keum) peigne.
C. c	K. ch.	cap (kæp) bonnet – cup (kœp) tasse | Ocean (ôch'n) Océan.
D. d	d. t.	damage (dam'edj) dommage. | a le son du t dans certains part. passés = stopped (stopt'e) arrêté. ! looked (loukt'e) regardé.

Lettres	Sons	Exemples de prononciation.
E. e	e. i	let (lett) laisser. | me (mi) moi. | scene (sîne) scène.
	œ	merchant (mœr'tchant) marchand.
ee	î	feed (fîd) nourriture – feel (fîl) sentir.
ea	i ou é	seat (sîte) siège. | bread (brèd) pain.
ei	è ou aï	heir (ère) héritier. | height (aïte) hauteur, taille.
ew. eu	iou	Europe (iou'rope) Europe – dew (diou) rosée.
F. f	f. v.	fume (fioume) fumée – excepté dans of (ov) de.
G. g.	gue – dj.	comme dans Galop – garden (gâd'en) – appuyer légèrt. sur la syllabe finale en – jardin. | devant e, i, y se prononce dj: giant (djaïent) géant, mais cette règle n'est point absolue: Ex: to give (tou ghive) donner.
gn.	n. gue.	to resign (rizaïne) résigner – to gnash (nache) grincer des dents; mais gue dans certains mots: ignorance (igué'norans) ignorance.
H. h.	h {aspiré ou muet.	h s'aspire fortement en anglais: half (hâf) demi. | muet dans plusieurs mots, tels que: honour (ôn'œur) honneur.
I. i.	i. aï	fit (fitt) convenable. | I (aï) je – fine (faïne) beau.
J. j.	dj.	just (djœst) juste – joy (djoï) joie.
K. k	k.	Keep (kîp) garder – est nul devant n: Knee (nie) genou.
L. l.	l.	male (mèle) mâle – | ne se fait pas entendre dans quelques mots: balm (bâm) baume – calm (kâm) tranquille. etc.
M. m.	mm	s'articulent doublement: him (him'm) lui; an (an'n) un. | Dans
N. n.	nn	les mots en ing ong cet n a un son nasal: to sing (sin'gue) chanter – song (son'gue) chant.
O. o	ô. o. ou. œ.	ô long dans bone (bône) os. | o bref dans not (nott) ne pas. | ou dans to move (tou mouve) mouvoir. | o = œ, mother (mœ'zer) mère.
oo.	ou.	book (bouk) livre – foot (fout) pied.
ou.	œ – aou.	trouble (trœble) peine. | moutain (maoutaingue) montagne.
oa.	ô (long.	boat (bôte) bateau – coat (côte) habit.
oi. oy	oï	loins (loïgu's) reins – boy (boï) garçon.
ow.	aou. ô	bow (baou) saluer. | bow (bô) arc – bowl (bôl) bol.
P. p.	p.	padle (pad'l) pagaie, rame. | P suivi de N et de S est muet: pneumonia (nyou'monia) pneumonie; psalm (sam) psaume.
Q. q.	k.	queen (kouine) reine.
R. r.	r.	Les anglais ne le font presque pas entendre; mais la voyelle qui le précède devient en quelque sorte plus grave: reporter (ripôt'œr) reporter.
S. s.	s. z. ch. j.	silence (saïlence) silence. | wise (ouaïze) sage. | sugar (chougar) sucre | pleasure (plèj'your), plaisir.
sc.	ch.	conscientious (kon'chen cheus) consciencieux.
T. t.	t. ch.	tool (tôul) outil. | T précédé d'un S est nul: listen (liss'en) écouter. | ch dans les terminaisons en tion, tious: ambition et ambitious (am'bi'cheune et am'bi'cheus) ambition et ambitieux.
U. u.	iou. ou eu.	procure (prokioure) procurer. | question (kouest'ieune) question. | sup (seuppe) souper – cut (kœt) couper.
V. v.	v.	value (val'iou) valeur.
W. w.	iou. ou (double u)	news (niouss) nouvelle – few (fiou) peu. | wind (ouin'd) vent. | W suivi de R est nul: to write (raïte) écrire – wrong (ron'g) tort.
X. Y. Z.	x. i. z	
ch.	tche – K et che français	church (tcheur'tch) église. | K dans les mots d'origine grecque: architect (ar'ki-tect) architecte. | et che dans les mots empruntés au français: chicane (chikène) chicane.

Lettres.	Sons.	Exemples de prononciation.
sh.	che	shore (chôre) rivage, shall (châll) devoir, verbe auxiliaire.
gh.	gue. f.	devant a, o = ghost (gbost) esprit — à la fin des mots est nul = though (thô = zô) quoique. | se prononce f dans plusieurs mots = laugh (lafe) rire ; enough (ineuff) assez, etc., .
th.	ze.	th est la consonne anglaise par excellence, elle est dure ou molle. Pour la prononcer il faut appuyer le bout de la langue contre le bord des dents et essayer de dire ce pour le th dur et ze pour le th doux.

Ex = (th dur) *faith* (fèce) foi — (th doux) *these* (zize) ceux-ci.

Les mots suivants se prononcent *jeune*, *cheune* dans leurs terminaisons = *vision* (vi-jeune) vision — *sufficient* (seuf i cheune) suffisant etc.

Les terminaisons *bl*, *tl*, *fl*, etc, ont une consonnance particulière et sonore. Ex = *table* (tè b'l.) table — *bottle* (bot' t'l'e) bouteille.

Rem. sur les terminaisons corresp.tes anglaises et françaises.

attraction = attraction		considérable = considérable
ambition = ambition	avaricious = avaricieux	comfortable = confortable
activity = activité	capricious = capricieux	considerably = considérablement
tenacity = ténacité		comfortably = confortablement

Italien.

A B C D E F G H I L M
N O P Q R S T U V Z.

Lettres.	Sons.	Exemples de prononciation.
		Obs. En italien toutes les lettres se prononcent. Les lettres qui diffèrent de la prononciation française, sont les suivantes.
u	ou.	nuovo (nouovo) nouveau., Rem. La voyelle e a toujours le son de l'é fermé. (comme dans bonté) ou celui de l'è ouvert (comme dans procès) mais n'est jamais muette comme en français. Ex indole (inn'dolè) caractère.
ca.	ka	caro (karo) cher.
co.	ko.	col'lo (kol'lo) cou.
cu.	kou	cuore (kouo'rè) cœur.
ce. cce.	tchè, ttchè	cedere (tchè-dè-rè) fléchir, céder. | eccedere (ettchè-dè-rè) excéder.
ci. cci.	tchi, ttchi	cibo (tchibo) nourriture. | uccidere (uttchi-dè-rè) tuer.
cia. cio	tchia. tchio.	ciarlare (tchiar' la'rè) jaser. | cioè (tchio-è) c'est-à-dire. |
ciu	tchiou.	ciuffare (tchiouf-fa-rè) attraper, gripper.
che. chi	kè. ki	che (kè) qui, que. | chiarezza (kiaret-tza) lumière, éclaircissement.
ga. go.	gu.	galente (ga'lan'tè) galant — gola (go'là) gorge — gusto (gous'to) goût.
ge. gge.	djè, ddjè	gelo (dgè'lo) gelée. | leggere (lè-dgèrè) lire.
gi. ggi	dgi, ddgi.	girare (dgi-ra'rè) tourner. | leggiadro (lè-ddgiadro) gracieux.
gia. gio. giu.		giacché (dgiac'kè) puisque. | giocare (dgio'ca'rè) jouer | giuoco (dgiou'o'co) jeu.
ghe, ghi	gue-gui	ghermire (guer'mi'rè) agripper, saisir. | ghignare (gui-gna-rè) ricaner.

Lettres	Sons.	Exemples de prononciation.
gli	"	se prononce comme l'l mouillé français dans famille - moglie (mò'llié) épouse - consiglio (con'si'llio) conseil.
gn.	"	comme dans campagne - montagna (mon'ta'gna) montagne
gua - gue - gui		comme dans gouailleur (soit: goua - goué - goui). guardare (gouar-da-ré) regarder - guerra (gouer'ra) guerre - guisa (goui'sa) guise, manière
h	h	n'est pas aspirée
qua - que - qui		(Koua-Koué-Koui), comme dans quadrilatère. quadrante (Koua-dran-té). cadran - questore (Koues-to-ré) questeur - quinto (Kouin'nto) 5e
m - n	m - n.	ne sont pas nasales; elles se prononcent comme si elles étaient doubles. Ex = impaccio (imm pa'tchio) embarras.
sce - schi	(ché - chi	, comme dans chéri). scettro (chet'tro) sceptre - schialle (chial'lé) châle.
z.	= ts et tz	terzo (ter'tso). troisième - mezzodi (mè'tzo'di) midi.

Rem. sur les terminaisons corresp.tes italiennes et franç.ses

carita	= charité	matématico	= monastique	attivo	= actif
liberta	= liberté	monastico	= monastique	moderativo	= moderatif
audacia	= audace	amabile	= aimable	amabilmente	= aimablement
minaccia	= menace	credibile	= croyable	dogmaticamente	= dog.tiquement
manifestazione	= ma.tion	decisione	= décision	abbassamento	= abaissement
nazione	= nation	connessione	= connexion,	crescimento	= accroissement

et les terminaisons des verbes :

am - are = aim - er
serv - ire = serv - ir
romp - ere = romp - re

Espagnol.

A B C CH (tché) D E F G H I J K
L Ll (eillé) M N Ñ (égné) O P Q R
rr (erré) S T U V X Y Z.

Lettres	Sons.	Exemples de prononciation.
		Obs. En espagnol toutes les lettres se prononcent.
ca, co, cu	Ka Ko Kou.	casa (Kassa) maison - cobre (Kobré) cuivre - cuarto (Kouarto) chambre.
ce	(sse)	comme un double SS (la langue entre les dents). cegar (ssègar) aveugler.
ch.	(tch)	chaqueta (tcha'kè-ta) veste - mucho (mou'tcho) beaucoup.
e	è	n'est point muet - incomprehensible (inn'Kom'prè'enn'si'blé) incompréhensible
ga - go - gu	= ga - go - gou	comme dans garde - ganado (ga'na'do). troupeau - gordo (gordo) gras - guarda (gouarda) garde.
ge - gi - ja / je - ji - jo / ju.	hé - hi - ha / hé - hi - ho / hou.	avec aspiration du gosier, bien plus fort que dans le mot français haine

Lettres	Sons	Exemples de prononciation.
		du reste il faut les entendre articuler par un espagnol. Ex: *gente* (h'en n'té) gens - *giro* (h'iro) tour - *jabon* (h'a boun) savon - *jésuita* (h'és souita) jésuite - *jibosidad* (h'ibosidad) gibbosité - *joven* (h'o vèn) jeune - *juego* (h'oué go) jeu.
h	h	n'est pas aspiré.
ll.	lle.	Le double *ll* se prononce comme dans le mot *famille* (en italien V moglie) Ex. *llamar* (liamar) appeler - *caballo* (ka bail'lo) cheval.
ñ	(gne)	se prononce comme *gn* dans *montagne* - *cariño* (ka'ri gno) affection
m. n	m. n.	n'ont jamais le son nasal - *impedir* (imm'pè dir) empêcher - *increible* (inn'kré i blé) incroyable.
gn.	(gh'ne)	comme *diagnostic* - *magnifico* (magne'ni fico) magnifique.
r. rr.	r. rr.	*pero* (pè ro, r doux) poirier. | *perro* (perr'o - r, son dur) chien.
s.	son dur.	*coser* (kos'ser) coudre - *cosa* (kos'sa) chose.
u	ou.	*guardar* (gou'ar dar) garder - l'*u* dans *que*, *qui*, *que* et *qui* ne se fait pas sentir. Ex: *guerra* (comme *guerre*) guerre - *guisa* (ghis'sa) guise, façon - *quedar* (kè dar) rester - *quintal* (kinn'tal) quintal, à moins que l'*u* ne soit surmonté d'un tréma, Ex = *vergüenza* (ver gouenn'za) hont
x.	(cs = ks)	*oxigenable* (oks'i h'énable) oxygénable.
z.	z	*caza* (kaza) chasse.

Rem. sur les terminaisons correspond[tes] espagnoles et françaises.

democratico	= démocratique	prérogativa	= prérogative
metalico.	= métallique	activo	= actif
caridad	= charité	actual	= actuel
bondad.	= bonté	agonia	= agonie
intencion	= intention	aforismo	= aphorisme
proposicion	= proposition	recomendable	= recomendable
acomodamiento.	= accomodement	acomodamente	= comodément
allanamiento.	= aplanissement	considérablemente	= considérablemen

et les terminaisons des verbes :

am-ar = aim-er
romp-er = romp-re
conten-er = conten-tr.

Portugais.

A B C D E F G H I J K L
M N O P Q R S T U V
— X Y Z. —

Lettres	sons.	Exemples de prononciation.
		Obs. En portugais, les consonnes sourdes et nasales dominent.
a. ã.	a. an	apurar (a'pou'rar) purifier | ã surmonté du til (~) se prononce an. Ex. rã (ran) grenouille – irmã (irman) sœur – irmão (irma'on) frère
am, an	(son nasal)	amparo (an' pa'rou) protection, appui – am final se prononce ouin mais rapidement et d'un ton sourd. Ex. fallam (fa'laoun) (ils) parlent – durmam (dour'maoun) (qu'ils) dorment.
ães, ãos, ões	(son nasal)	Ces terminaisons du pluriel se prononcent an-ich, an-ouch, on-ich. Ex. mão (ma'on) main, fait mãos (man'ouch) (les) mains, etc.
em, en	(son nasal)	o tempo (ou tin'pou, comme dans thym) le temps – a gente (a gin'te) les gens – em final a le son de ain dans main, son sourd et à peine sensible. Ex. homem (ô'main ou ô'min) homme – tens (tèinch) (tu) as.
e.	è.	crivel (cri'vèl) croyable – la conjonction e se prononce i
o	o. ou.	boca (bo'ka) bouche; mais à la fin des mots o a le son de ou sourd, peu sensible. Ex. todo (to'dou) tout. – espirito (i-chpiritou) esprit.
õ	on.	õ surmonté du til = on, comme dans mon. Ex. põe (pou'ixil) met –
c. p.		avant t sont muets. Ex. acto (a'tou) acte – prompto (pron'tou) prompt
ch	ch ou K	comme dans chat. Ex. cha (cha) thé – ch a la valeur de K dans les mots d'origine grecque. Ex. chimica (ki'mi'ca) chimie.
goua-qua	(goua, koua)	guarda (gouar'da) garde. | quadro (koua'drou) carré.
gue-gui	(ghe-ghi)	guerra (gherra) guerre | guia (ghia) guide.
que-qui.	(ke', ki)	quebra (kè bra) fracture | quinta (kin'ta) maison de campagne.
gn.	gn.	comme dans diagnostique. Ex. magnifico (mague'ni'fi'cou) magnifique
ll.	l.	challotas (cha'lo'tach) échalottes.
lh.	ll.	comme dans fille. Ex. filha (fi'lia) fille. (lh port. = LL espag.)
nh.	gne.	(dans ognon). estranho (es'tra'gnou) étranger – senhora (sé'gno'ra) madame
s.	s et z ch et j	passo (pa'çou) pas. | s entre deux voyelles a le son doux du z; uso (ou'zou) coutume. | s est muet c, ch, j, x. Ex. sceptro (cé'trou) sceptre – devant les consonnes, s a le son à peine sensible de ch. Ex. isto (ich'tou) ceci – esquerdo (ich'quer'dou) gauche | s a aussi le son du j. palmar (pa'jmar) [illegible]
u	ou.	comme dans doute. tua (toua) ta – quando (kouan'dou) quand. | u est nul dans gue, gui et que, qui. V. ci-dessus.
x	ks. ch. z.	sexo (sek'ço) sexe. | baixar (baichar) baisser – caixa (kail'cha) caisse examе (iza'mé) examen; exultação (ézoulta ça'on) exultation.
z	z. ch. j.	fazer (fazair) faire. | fez (fech) il a fait – por (poch) (il) a mis diz-nos (di'j'nou) (il) nous dit.

Rem. sur les terminaisons correspondtes portugaises et françaises

consideração	= considération.	activo	= actif
attracção	= attraction.	amavel	= aimable
caridade	= charité	amavelmente	= aimablement
liberdade	= liberté	limpamente	= proprement
musica	= musique	consideravel	= considérable
mathematicas	= mathématiques	consideravelmente	= considérablement

Russe.	Allemand	Anglais.

Article

Russe.

La langue russe n'a pas d'article.

Allemand

La langue all. a 2 nombres : le singulier et le pluriel ; 3 genres : le masculin, le féminin et le neutre ; 4 cas : le nominatif, le génitif, le datif et l'accusat.^f

Article défini.

	masc.		fém.		neut.	
N.	der	le	die	la	das	le
G.	des	du	der	de la	des	du
D.	dem	au	der	à la	dem	au
A.	den	le	die	la	das	le

Pluriel des trois genres.

N	die	les
G	der	des
D	den	aux
A	die	les

Article indéfini.

	masc.		fém.		neut.	
N.	ein	un	eine	une	ein	un
G.	eines	d'un	einer	d'une	eines	d'un
D.	einem	à un	einer	à une	einem	à un
A.	einen	un	eine	une	ein	un

Ich bin ein Franzose : Je suis Français

L'article partitif ne se rend pas :

Hast du Geld ? As-tu (de) l'argent ?

Ich habe kein Geld – Je n'ai pas d'argent

Anglais.

L'article défini, invariable, pour le, la, les.

the master	le maître.
the house	la maison.
the horses	les chevaux.

L'article indéfini a ou an :

a devant une consonne ou un h aspiré :

a man	un homme.
a half	une moitié.

an devant une voyelle ou un h muet.

an ancestor	un ancêtre.
an hour	une heure.

L'article partitif est omis quand le sens de la phrase est tout à fait général :

my sister likes books and flowers

ma sœur aime (les) livres et (les) fleurs ;

ou bien le partitif se rend par some (phrase affirmative) et any (phrase négative ou interrogative) quand on a en vue une quantité (petite ou déterminée) :

give me some bread.

donnez-moi du pain (un peu)

have you any apples ?

Avez-vous des pommes ?

(c. à. d. quelques pommes).

Substan

Russe.

La langue russe a 2 nombres : le singulier et le pluriel ; 3 genres : le masculin, le féminin et le neutre ; 7 cas : le nominatif, le vocatif, le génitif, le datif, l'accusatif, l'instrumental, et le locatif –

Allemand

Noms communs

Se bien pénétrer des formes terminales dans les déclinaisons russes et allemandes en raison du rôle que jouent les divers cas dans le rapport des mots entre eux –

Anglais

Du genre.

Il y a en anglais 3 genres : le masculin, le féminin et le neutre – Les noms de choses inanimées sont du genre neutre – Ex : man (m.) homme – woman (f.) femme – book (n.) livre.

-cle.

Italien.

il, lo, le . i. gli les
fém. la, la . le (fém.) les

il et i se mettent devant les noms masc. commençant par une consonne.

il padre, le père = i padri, les pères.

lo et gli devant les noms masc. commençant par une voyelle ou un S suivi d'une autre consonne.

l'uomo, l'homme | gli uomini, les h.es
lo specchio, le miroir | gli specchi (pl.)

la camera, la chambre.
le camere, les chambres.

Articles contractés.

del, dello	du	dei, degli	des
al, allo	au	ai, agli	aux
dal, dallo	par le	dai, dagli	par les
nel, nello	dans le	nei, negli	dans les
col, collo	avec le	coi, cogli	avec les
sul, sullo	sur le	sui, sugli	sur les
della	de la	delle	des
alla	à la	alle	aux
dalla	par la	dalle	par les
nella	dans la	nelle	dans les
colla	avec la	colle	avec les
sulla	sur la	sulle	sur les

L'art. partitif ne se rend pas si le subst. donne l'idée de quantités indéterminées; on l'emploie dans le cas contraire. Ex:

Volete birra o vino?
Voulez-vous (de la) bierre ou (du) vin?
non ho guanti = je n'ai pas de gants
ho pallato a certi (ou: ad alcuni) uomini = j'ai parlé à quelques hommes.

Espagnol.

Masculin
el, le — los, les — del, du — de los des — al, au — a los, aux.

Féminin
la, la — las, les — de la, de la. — de las, des — a la, à la — a las, aux.

Neutre.
lo, le — de lo, du — a lo, au.

Nota — I. L'art. neutre ne s'emploie que devant un adj. ou devant un subst. pris adjectivement:

lo bello, le beau.

II. L'art. masc. el est mis pour l'art. fém. la devant les mots commençant par un a long afin d'éviter l'hiatus, c. à. d. la rencontre de deux a; Ex:

el ave, l'oiseau. pour la ave. (la langue esp. n'ayant point d'apostrophe, l'art. ne peut être élidé).

L'art. partitif est omis ou non selon que le nom est pris dans un sens général ou dans un sens partitif. Ex:

tenemos pan y vino
(Nous) avons (du) pain et (du) vin.
dame de las peras que han comprado = donne-moi des poires qu'ils ont achetées.
(Dans le sens de quelques on dira = unas, algunas peras.

Portugais.

Article défini.

Masculin.
o, le — os, les — do, du — dos, des. — ao, au — aos, aux — no, dans le — nos, dans les — pêlo, par le — pêlos, par les.

Féminin.
a, la — as, les — da, de la — das, des — à, à la — as, aux — na, dans la — nas, dans les — pêla, par la — pêlas, par les.

Article indéfini.

Masculin.
um, un — uns, des, quelques — dum ou de um, d'un — d'uns ou de uns, des, de quelques — a um à un — a uns, à des — n'um, em um, dans un, à un — por um, par un — por uns, par des, par quel[ques]

Feminin.
uma, une — umas, des, quelques — duma ou de uma, d'une — d'umas ou de umas, de quelques etc. etc.

Article partitif.

En général, il n'est pas rendu.
Ex: Dê-me pão, agua.
Donnez-moi (du) pain, (de) l'eau.
La particule de se supprime gal.t dans les expressions.
muito vinho = beaucoup (de) vin.
pouco dinheiro = peu (d') argent.
alguns amigos (quelques amis.

-tif.

Italien.

La langue ital. a 2 genres = le masculin et le féminin; 2 nombres = le singulier et le pluriel.

Du genre.

Les noms terminés en e et o sont généralt. du masc; ceux terminés en a, i et u sont pour

Espagnol.

Du genre.

Les substantifs qui désignent l'homme, les animaux mâles, les fleuves, appartiennent au genre masculin. Ex. el hombre, l'homme — el hombro, l'épaule — el caballo, le cheval — el caballero, le chevalier.

Portugais.

Du genre.

Sont du genre masculin: Les noms des hommes, des vents, des fleuves, des mois, des animaux mâles. Ex:

O homem, l'homme — o norte, le nord — o Tejo, le Tage — o abril, Avril — o cão, le chien

Masculin.

désinences ъ, и, ь.

Singulier		Pluriel	
la loi.		les lois.	
И. закóнъ	la	— ы	les
Р. закóна	de la	— овъ	des
Д. закóну	à la	— амъ	aux
В. закóнъ	la	— ы	les
Т. закóномъ	par la	— ами	par les
П. закóнѣ	dans la	— ахъ	dans les
le roi		les rois	
И. корол ь	le	— и	les
Р. корол я	du	— ей	des
Д. корол ю	au	— ямъ	aux
В. корол я	le	— ей	les
Т. корол ёмъ	par le	— ями	par les
П. корол ѣ	dans le	— яхъ	dans les

Féminin.

désinences а, я, ь.

le poisson.		les poissons.	
И. рыб а	le	— ы	les
Р. рыб ы	du	— ъ	des
Д. рыб ѣ	au	— амъ	aux
В. рыб у	le	— ъ	les
Т. рыб ою (ой)	par le	— ами	par les
П. рыб ѣ	dans le	— ахъ	dans les
la passion		les passions	
И. страст ь	la	— и	les
Р. страст и	de la	— ей	des
Д. страст и	à la	— ямъ	aux
В. страст ь	la	— и	les
Т. страст ю	par la	— ями	par les
П. страст и	dans la	— яхъ	dans les

Neutre.

désinences о, е, мя.

l'affaire		les affaires	
И. дѣл о	l'	— á	les
Р. дѣл а	de l'	— ъ	des
Д. дѣл у	à l'	— амъ	aux
В. дѣл о	l'	— á	les
Т. дѣл омъ	par l'	— ами	par les
П. дѣл ѣ	dans l'	— ахъ	dans les
l'avis		les avis.	
И. мнѣни е	l'	— я	les
Р. мнѣни я	de l'	— й	des
Д. мнѣни ю	à l'	— ямъ	aux
В. мнѣни е	l'	— я	les
Т. мнѣни емъ	par l'	— ями	par les
П. мнѣни и	dans l'	— яхъ	dans les

Nota. законъ, рыба, дѣло sont des subst. à terminaison dure. — король, страсть, мнѣніе à terminaison molle.

Masculin.

singulier.		Pluriel.	
le fils		les fils	
N. der Sohn	le	die Söhne	les
G. des Sohnes	du	der Söhne	des
D. dem Sohne	au	den Söhnen	aux
A. den Sohn	le	die Söhne	les
le lièvre.		les lièvres.	
N. der Hase	le	die Hasen	les
G. des Hasen	du	der Hasen	des
D. dem Hasen	au	den Hasen	aux
A. den Hasen	le	die Hasen	les

Féminin.

la femme		les femmes.	
N. die Frau	la	die Frauen	les
G. der Frau	de la	der Frauen	des
D. der Frau	à la	den Frauen	aux
A. die Frau	la	die Frauen	les
la force		les forces	
N. die Kraft	la	die Kräfte	les
G. der Kraft	de la	der Kräfte	des
D. der Kraft	à la	den Kräften	aux
A. die Kraft	la	die Kräfte	les

Neutre.

le village		les villages.	
N. das Dorf	le	die Dörfer	les
G. des Dorfes	du	der Dörfer	des
D. dem Dorfe	au	den Dörfern	aux
A. das Dorf	le	die Dörfer	les
l'année.		les années.	
N. das Jahr	l'	die Jahre	les
G. des Jahres	de l'	der Jahre	des
D. dem Jahre	à l'	den Jahren	aux
A. das Jahr	l'	die Jahre	les

Obs. 1. Les terminaisons qui frappent le plus, sont celles du Génitif et du Datif singulier, et du Datif pluriel.

II. Beaucoup de subst. prennent l'inflexion à la voyelle du radical au pluriel.

III. Tous les noms féminins sont invariables au singulier.

IV. Les subst. masculins et neutres terminés en el, en et er ont le nominatif pluriel semblable au nominatif sing.

V. Tous les substantifs prennent une majuscule.

Noms propres.

Prennent un s au génitif singulier.

Masculin		Féminin.
N. Schiller	Schiller	Sophiens
G. Schillers	de Sch.	de Sophie.
D. Schiller	à Sch.	Neutre.
A. Schiller	Sch.	Frankreichs de la France.

Formation du féminin

Certains noms prennent la terminaison ess. Ex: count, comte — countess. — master, maître — mistress — baron, baron et baroness.

d'autres prennent ix: administrator, administratrix — curator, curatrix.

Pour désigner le genre de certains animaux, on emploie les pronoms he et she. Ex: he-bear, ours et she-bear (f.) wolf, loup — she-wolf (louve).

ou encore on se sert des formes suivantes:

man-servant, (un) domestique
maid-servant, (une) fille dom.
cock-sparrow, moineau.
hen-sparrow, d° (femelle).

Un grand nombre de subst. ont un féminin différent du masculin. Ex.

father, père — mother, mère
boy, garçon — girl, fille.
son, fils — daughter, fille.

Enfin certains noms ont la même forme pour les deux genres. Ex:

child, enfant (des deux sexes)
cousin, cousin et cousine.
friend, ami et amie.

Du pluriel.

Les noms prennent s ou es.

the father, le père, et the fathers, les pères.
the glass, le verre et the glasses, les verres.

Quelques noms terminés par f ou fe font leur pluriel en ves.

thief, voleur, thieves, voleurs
calf, veau, calves, veaux.

d'autres changent l'y en ies. Ex:

the lady, la dame
the ladies, les dames.
duty, devoir — duties, devoirs

a plupart du féminin. Ex.
il cane, le chien - il bue, le bœuf
il cervello, le cerveau - il conto, le
récit, le conte.
La camera, la chambre - la
porta, la porte - la crisi, la
crise - la gioventu, la jeunesse
- la virtu, la vertu.

- Du pluriel -

Les substantifs en e et en o et les
subst. masculins en a changent leur
voyelle finale en i. Ex.
il clima, le climat - i climi,
les climats + il giovane, le
jeune homme et i giovani,
les jeunes gens. - il contadino,
le paysan et i contadini,
les villageois.
Les substantifs féminins en a
changent cette voyelle en e. Ex.
la porta, la porte et le porte,
les portes.
Les noms terminés en à, è, ì,
ie ù ne varient pas. Ex.
la città, la ville - le città, les villes
la mercè, la récompense et le
mercè, les récompenses -
il dì, le jour et i dì, les jours.
la superficie, la surface et le
superficie, les surfaces -
la virtù, la vertu et le virtù,
et les vertus.

Formations particulières

Singulier	Pluriel
la bugia, le mensonge	bugie.
la pioggia, la pluie	piogge
l'occhio, l'œil	occhi.
il tempio, le temple	tempii.
lo zio, l'oncle	zii.
il duca, le duc	duchi.
la barca, la barque	barche.
il bosco, le bois	boschi.
il lago, le lac	laghi.
l'amico, l'ami	amici.

il membro, le membre et
i membri, les membres (d'une société)
le membra, les membres (du corps). -

Rem. Les mots terminés en o
sont du masculin.
Les substantifs désignant la femme,
les animaux femelles, et les
noms de sciences et de vertus, sont du
genre féminin. Ex.
la mujer, la femme.
la vaca, la vache.
la combustion, la combustion
la bondad, la bonté.
Rem. Les noms terminés en
a, en dad, tad, tion et cion sont
presque tous du féminin.

- Du pluriel -

Les subst. prennent s ou es. Ex
la carta, la lettre et las cartas,
les lettres.
el papel, le papier et los papeles,
les papiers.
Ley, loi et leyes, lois.
Les noms terminés en z changent
cette lettre en ces. Ex.
la luz, la lumière et las luces,
les lumières.
Les mots terminés déjà par un
s au singulier ne changent pas,
en général, au pluriel:
hypotesis, hypothèse et
las hypotesis, les hypothèses.

Des augmentatifs.

Ils se forment par l'adjonction
aux mots primitifs des terminaisons
on, achon, azo, onazo, etc.
Ex. hombre, homme,
hombron et hombronazo,
homme d'une forte corpulence
perro, chien et perrazo, mâtin,
gros chien.
gato, chat et gatazo, matou.
mujer, femme et mujerona,
grosse femme.
Les terminaisons azo, ada
indiquent une idée de coup.
zapato, soulier et zapatazo,
coup de soulier. - látigo, fouet
et latigazo, coup de fouet -
navaja, couteau et navajada,
coup de couteau - puñal,
poignard, dague et puñalada

sont du genre féminin:
les noms de femmes, d'animaux
femelles, de vertus, de vices, etc.
Ex. a mulher, la femme -
a gallinha, la poule - a esperança,
l'espérance - a caridade,
la charité.

Rem. Le féminin se forme
en changeant o en a, et ão en
ã. Ex.
o general, le général et a generala,
la générale -
esposo, époux et esposa, épouse
camponez, paysan et camponeza,
paysanne -
aldeão, villageois et aldeã,
villageoise.

Du pluriel.

On ajoute un s au nom singulier.
Ex.
o livro, le livre et os livros, les
livres
a mão, la main et as mãos,
les mains.
Sauf exceptions:

capitão,	capitaine -	capitães
acção,	action -	acções.
alcool,	alcool -	alcooes.
papel,	papier	papeis.
movel,	meuble -	moveis.
homem,	homme	homens.
virgem,	vierge	virgens.
mulher,	femme	mulheres.
mar,	mer -	mares.

Des augmentatifs et des diminutifs.

Ils se forment à l'aide des terminaisons
ão ou inho, ito.
rapaz, garçon et rapagão,
grand garçon -
rapazinho ou rapazito,
petit garçon, garçonnet -
passaro, oiseau et passarão,
gros oiseau - et
passarinho, oisillon.

Exemples des divers cas.

Genitif — пѣніе соловья (de соловей) le chant du rossignol.
Datif — слава Богу (de Богъ, Dieu) gloire à Dieu.
Accusatif — читать басню (de басня) lire (une) fable.
Instrum. — они пишутъ перомъ (de перо, plume), ils écrivent avec une plume.
Locatif — басня о лисицѣ и воронѣ (de лисица, renard et воронъ, corbeau) la fable du renard et du corbeau.

Nota — Le nominatif joue le rôle de sujet dans une proposition. Le génitif indique la possession — Le datif marque l'attribution (compl. ind.) — L'accusatif répond à notre compl. direct — L'instrumental sert à désigner l'instrument, le moyen avec lequel s'effectue l'action — Enfin le locatif ou prépositionnel ne s'emploie qu'avec les prépositions въ, на, о, объ, при et по.

Rem. — I. L'accusatif singulier des noms masculins [illegible], et pluriel dans les 3 genres, est semblable au nominatif lorsque le nom désigne un objet inanimé ou abstrait, et au génitif lorsque le nom désigne un être animé.

II. Le datif, l'instrumental et le locatif pluriel sont toujours en амъ, ами et ахъ.

III. Le génitif singulier de certains noms masc. qui désigne une matière divisible, prend la terminaison у ou ю du datif. [illegible] чашка чаю, une tasse de thé — фунтъ сахару, une livre de sucre.

IV. Quelques noms en ъ et ь prennent au nominatif pluriel l'inflexion а, я, avec l'accent tonique (au lieu de ы, и). Ex: островъ, une île; острова́, les îles. (A)

Des augmentatifs et des diminutifs.

La langue russe a des inflexions spéciales pour exprimer ces aspects. Ainsi les noms augmentatifs qui présentent les personnes et les choses sous une forme volumineuse, laide, difforme, prennent les inflexions ище, ина et ища.

Ex: мужичище, gros et lourd paysan (de мужикъ, paysan) — личище, grosse face (de лицё, visage).

Les noms diminutifs qui présentent l'objet diminué de volume, prennent au masculin les terminaisons [illegible], ецъ, икъ, ецъ, якъ; au féminin ка, ица, et au neutre цо, це. Ex: столъ, table, fait столикъ, une petite table, et столичекъ, une toute petite table — рука, main, fait ручка, petite main et ручечка, une toute petite main.

Il y a aussi des diminutifs qui expriment la tendresse, le mépris, les premiers se terminent en ушка, юшка, [illegible], les seconds en ишко, ишка, енка. Ex: [illegible], père, fait батюшка, cher père — [illegible], maisonnette (de домъ) et домишко, une vilaine petite maison.

Noms propres.

Comprennent le nom de baptême: Левъ, Léon — le patronymique: Александровичъ, fils d'Alexandre — le nom de famille: Орловъ, Orlov — soit [illegible]: Левъ Александровичъ Орловъ, Léon, fils d'Alexandre Orlov. Rem. — Александровичъ [illegible] du nom propre Александръ, en ajoutant à ce dernier [illegible] овъ des adjectifs possessifs individuels, on obtient Александровъ, d'Alexandre — et de cet adjectif on tire le substantif patronymique par la finale ичъ, d'où Александр-ов-ичъ.

(A) Pour plus de détails, lire l'excellente grammaire de M. Louis Léger.

Du cas possessif.

Le rapport de possession ou de relation se rend de plusieurs manières. Ex:
Das Haus meines Vaters.
La maison de mon père.
— eine Flasche Wein.
une bouteille de vin.
ein Leuchter von Silber.
un chandelier d'argent.

Schillers Werke les oeuvres de Schiller	Die Wiener Zeitung La gazette de Vienne
Die Stadt Paris La ville de Paris	die Furcht vor dem Tode La crainte de la mort

Substantifs composés.

Sont très nombreux et fréquemment employés, ils prennent le genre du dernier mot. Ex: Kinderschule, école d'enfants, est du féminin — Hausvater, subst. masc. père de famille — Vaterhaus, subs. neutre, maison paternelle.

Des diminutifs.

La langue allemande se sert des suffixes chen et lein pour former ses diminutifs; les substantifs dérivés ainsi formés sont tous du genre neutre. Ex:
Kind, enfant. Kindchen ou Kindlein, petit enfant — Wald, forêt et Wäldchen, petite forêt | Buch, livre et Büchlein.

De la formation des substantifs.

Le suffixe er forme des noms masculins avec les verbes et autres substantifs. Ex:

reiten,	aller à cheval.	Reiter	cavalier.
lesen	lire.	Leser	lecteur.
malen	peindre.	Maler	peintre.
Sang	chant.	Sänger	chanteur.
Paris	Paris.	Pariser	Parisien.
Wien	Vienne.	Wiener	Viennois.

Les suffixes in ou inn forment des substantifs féminins. Ex:

Löwe	lion.	Löwin	lionne.
Leser	lecteur.	Leserin	lectrice.
Schäfer	berger.	Schäferin	bergère.
Kaiser	empereur.	Kaiserin	impératrice.

Les suffixes heit, keit, ung, schaft et [illegible] forment également des noms féminins. Ex:

breit,	large.	Breite,	largeur
lang,	long.	Länge,	longueur
dankbar,	reconnaissant	Dankbarkeit,	reconnaissance
gelegen,	situé.	Gelegenheit,	occasion
Mensch,	homme.	Menschheit,	humanité
erzählen,	raconter.	Erzählung,	narration
erfinden,	inventer.	Erfindung,	invention
Bürger,	bourgeois.	Bürgerschaft,	bourgeoisie
Brauer,	brasseur.	Brauerei,	brasserie

Plusieurs noms ont un pluriel irrégulier, man, homme, men.
child, enfant, children.
foot, pied, feet (pieds);
quelques uns sont invariables. Ex:
people, gens, peuple – sheep, mou-
ton – French, Français – English
Anglais.

Du cas génitif ou possessif.

Il se rend en anglais par of, de,
ou par 's ajouté au nom. Ex.
the child's book ou
the book of the child.
Le livre de l'enfant.
your sisters' pens ou
the pens of your sisters
2) Les plumes de vos sœurs.
Cette règle n'est cependant pas absolue.

Substantifs composés.

On forme très facilement des noms
composés en anglais. Ex:
bed-room, chambre à coucher, et
the bed-rooms, les chambres à coucher.
dining-room, salle à manger.
drawing-room, salon – tea-spo-
on, cuiller à café – salt cellar,
salière.

3) Possessif (Suite)
a gold vase, un vase d'or.
a silver fork, une fourchette d'argent.

Des diminutifs.

La langue anglaise se sert des suffixes kin, -ling, let et ock pour
former ses diminutifs. Ex:
lamb. agneau, lambkin, agnelet
goose. oie. gosling, oison.
eagle. aigle eaglet, aiglon
hill. colline hillock, tertre.

De la formation des noms.

Tout d'abord il y a lieu de remarquer
qu'un même mot est fréquemment
verbe et à la fois nom ou adjectif. Ex:
float, flotter et le flot, la vague
live, vivre et vif, ardent
qu'un participe présent devient
souvent adjectif ou nom. Ex:
living, vivant et vif, solide |

Pluriels irréguliers.

Dio, Dieu – Dei – uomo, homme, uomini – moglie, épouse,
mogli | bue, bœuf, buoi | ami-
co, ami, amici | – fondaco, bou-
tique, fondachi.

La langue italienne, en particulier, est très riche en augmentatifs
et en diminutifs afin de donner
aux mots des nuances et des acceptions fort variées.

Des augmentatifs.

Les terminaisons one et ona indiquent une idée de grandeur, de vol.
il libro, le livre, il librone, le
gros livre | il ciarlone, le ba-
billard, et una ciarlona, une
grande babillarde.

Les terminaisons accio, accia,
accione, astro donnent une idée
de mépris, de mauvaise qualifica-
tion. Ex:
il tempo, le temps; il tempac-
cio; le mauvais temps | la don-
na, la femme, la donnaccia;
la méchante femme | il cappel-
lo, le chapeau, cappellaccione,
grand et vilain chapeau | un
poeta, un poète, un poetas-
tro, un mauvais poète.

Les terminaisons otto, otta, ozzo,
et ozza impliquent l'idée de beauté
jointe à une certaine force, à une certaine vigueur physique. Ex:
un giovine, un jeune homme,
un giovinotto, un grand et beau
jeune homme | contadinotto,
beau paysan, de contadino, villageois –

La terminaison ata a le sens
de coup, action de frapper.
bastone, bâton, fait bastonata,
coup de bâton – cannone, canon,
cannonata, le coup de canon.

La forme aglia éveille l'idée de
multitude doublée de mauvaise acception. Ex: la gente, les gens,
la gentaglia, la canaille, la
racaille.

coup de poignard –
punta, pointe et
puntapié, coup
donné avec la pointe
du pied. —

Diminutifs.

On les forme en a-
joutant aux noms
les terminaisons ito,
ico, illo pour le mas-
culin; et ita, ica, illa
pour le féminin. Ex
perro, chien fait
perrito, perrico, per-
rillo, petit chien. |
hombrecico, hom-
brecillo, hommeau,
hommelet – |
mujercilla, fem-
melette –

Formation des substantifs.

personalizar,
personnaliser et
person-a, person-
ne + person-ali-
dad, personnalité |
personalismo,
personnalisme. ||
cañonear, ca-
nonner | cañon,
canon | cañona-
zo, coup de canon |
cañoncillo, petit
canon | cañone-
ra, canonnière. |
cañoneo, canon-
nade. |

Formation des substantifs.

cort-ar, coup-er | cort-ador, coup-eur | cortadura, cou-
pure. | cort-amento, section, amputation. || consol-ar,
consol-er | consolação, consolation. | consolador, consolateur. |

textuellement : de ce qui vient, provient, descend d'Alexandre, soit : le fils d'Alexandre.

De la formation des substantifs.

Remarquer les terminaisons masculines, féminines et neutres des mots qui suivent.

покори-ть, subjuguer ; покори-тель-ница, conquérant-te ; покор-ность (f) soumission —
мечта-ть, rêver ; мечта (f) rêve, мечта-тель (m) -ница (f) rêveur, rêveuse ; мечтатель-ность (f) caractère rêveur. | краси-ть, orner, краса (f) ornement ; красавецъ, bel homme, красавица ; belle femme. | богат-ство (n) la richesse | оконча-ніе (n) achèvement

Les mots en thum sont généralement du neutre. Ex :
Alter, âge — Alterthum, antiquité.
König, roi — Königthum, royauté.

Des Ad-

L'adjectif est attribut ou qualificatif ; dans le premier cas il prend en général la forme courte, dans le second la forme longue. Il s'accorde en genre, en nombre et en cas avec le substantif qu'il qualifie. Ex :

masculin.
крѣпкій замокъ, un château fort
замокъ крѣпокъ, le château fort.

féminin.
синяя бумага, un papier bleu
бумага синя, le papier (est) bleu

neutre
тёплое лѣто, un été chaud
лѣто будетъ тепло, l'été sera chaud.

Remarquer l'analogie qui existe dans les formes courtes et longues des adjectifs des langues russe et allemande.

человѣкъ есть добръ
Der Mann ist gut
L'homme est bon } forme courte

добрый человѣкъ
ein guter Mann
un bon homme } forme longue.

Tableau synoptique des terminaisons des adjectifs.

Singulier

	masc.	fém.	neut.
terminaison longue	ый, ой, ій	ая, яя	ое, ее
terminaison courte	ъ, ь	а, я	о, е

L'adjectif est attribut ou épithète (qualificatif) ; comme attribut il est toujours invariable. Ex :
Der Vater ist gut, le père est bon
Die Mutter ist gut, la mère est bonne
Die Kinder sind gut, les enfants sont bons

L'adjectif épithète est variable et se décline de trois manières :

1° Adjectif non précédé d'un déterminatif

gut, bon.

guter Wein, bon vin | gute Suppe, bonne soupe | gutes Wasser, bonne eau

Singulier

	masc.	fém.	neut.
N.	gut er	gut e	gut es
G.	gut en (es)	gut er	gut en (es)
D.	gut em	gut er	gut em
A.	gut en	gut e	gut es

Pluriel pour les 3 genres.

N. gut e
G. gut er
D. gut en
A. gut e

2° Adjectif précédé de l'article défini

Der gute Wein, le bon vin | Die gute Suppe, la bonne soupe | Das gute Wasser, la bonne eau

Singulier

	masc.	fém.	neut.
N.	der gut e	die gut e	das gut e
G.	des gut en	der gut en	des gut en
D.	dem gut en	der gut en	dem gut en
A.	den gut en	die gut e	das gut e

L'adjectif est invariable ; il se place avant le nom qu'il qualifie.
a good brother, un bon frère.
a good sister, une bonne sœur
a blue eyed girl, une fille aux yeux bleus.

Comparatif et Superlatif

I. On forme le comparatif par l'addition de r ou de er, et le superlatif par st ou est. Ex :
large, grand — larger, plus grand
the largest, le plus grand.
small, petit, smaller, plus petit.
the smallest, le plus petit.

II Les adjectifs de deux syllabes qui ne se terminent ni en le ni en y et tous ceux de plus de deux syllabes, sont précédés au comparatif de l'adverbe more et au superlatif de the most, le plus. Ex.
useful, utile, more useful, plus utile — the most useful, le plus utile.
agreeable, agréable — more agreeable, plus agréable — the most agreeable, le plus agréable —

Des trois degrés de comparaison

1. Comparatif de supériorité.
your horse is stronger than mine, votre cheval est plus fort que le mien. — the summer is more pleasant than the winter, l'été

Ang:

loading, chargeant, accablant, et the loading, la charge, la cargaison.

Les principales terminaisons sont :

er, qui ajouté aux verbes, indique celui qui fait l'action. Ex. to make, fabriquer, the maker, le fabricant. | ness, s'ajoute à des adjectifs pour indiquer une idée abstraite. Ex: good, bon, à the goodness, la bonté. | th, se met aussi après certains adjectifs. Ex: warm, chaud et the warmth, la chaleur. | ship, exprime la condition, la qualité. Ex: friend, ami, the friendship, l'amitié. | hood, marque aussi l'état, la condition. Ex: child, enfant, the childhood, l'enfance. | dom, indique le domaine, la profession. Ex: duke, duc, dukedom, les États d'un duc, le duché.

It:

Des diminutifs.

Les terminaisons diminutives sont nombreuses et elles expriment l'idée de petitesse, de gentillesse, et parfois de compassion, de pauvreté; telles sont: etto, ottolo, ino, ello, icino, uolo, etc. Ex:

un pezzo, un morceau, pezzetto, petit morceau.
una via, une rue, viottolo, une petite rue, ruelle.
un fanciullo, un enfant; fanciullino, garçonnet.
uccello, oiseau - uccelletto et uccellettino, oisillon.
fresco, frais - et freschetto, un peu froid, frisquet.

Formation des substantifs.

Un exemple suffira pour montrer la dérivation des mots et leur nuance.

dormire, dormir + dormentare, s'endormir + dormichiare, sommeiller + dormigliare, dormir légèrement + dormita, le dormir, sommeil + dormitina, le petit sommeil, le somme + dormiveglia, le demi-sommeil, somnolence + dormitona, le long et bon sommeil + dormizione, le dormir, le repos + dormitura, le temps de dormir + dormitorio, dortoir. dormitore, dormeur + dormitrice, dormeuse + dormiglione, dormeur, roupilleur.

-jectifs.

Règ. L'adjectif prend le genre et le nombre du substantif qu'il qualifie.

Du feminin.

Les adjectifs terminés en O changent cet O en A. Ex:

nuovo, neuf. nuova, neuve
povero, pauvre. povera, pauvre

Ceux terminés en e et en i sont invariables. Ex:

uomo prudente, l'homme prudent
la donna prudente, la femme prudente.

Les adjectifs en tore font trice.

autore, auteur, autrice, femme auteur
attore, acteur, attrice, actrice.

Quelques adjectifs font leur féminin en essa. Ex:

barone, baron; baronessa, baronne.
conte, comte, contessa, comtesse.

Du pluriel.

Il se forme comme dans les noms.

Du comparatif et du Superlatif.

I. Comparatif de supériorité.
più ricco, plus riche | più vicino, plus près

II. Comparatif d'infériorité.
meno ricco, moins riche.
meno buono, moins bon.

III. Comparatif d'égalité.
il mio cavallo è così buono come il vostro
il mio cavallo è tanto buono quanto il vostro

Les adjectifs changent O en A.

bueno, bon; buena, bonne.
alto, haut; alta, haute.

Les autres, en général, ne varient pas. Ex:

un hombre alegre, un homme gai.
una mujer alegre, une femme gaie.
un hombre cortés, un homme poli.
una mujer cortés, une femme polie.

Quelques adjectifs terminés en O perdent cet O devant un substantif masculin singulier. Ex.

bueno devient buen libro, bon livre | primero, tercero, font primer, tercer capitulo, premier, troisième chapitre. | ciento, s'écrit cien mujeres, cent femmes. | Santo, fait San Pedro, Saint Pierre.

L'adjectif grande s'écrit de deux manières: un gran predicador, un grand prédicateur. et una casa grande, une grande maison.

Du pluriel.

Il se forme comme dans les noms.

sabio, savant et sabios
debil, faible et debiles

La forme génle du féminin en A.

justo, juste, justa.
indio, indien, india.
un, un, una.
bom, bon, boa.
são, sain, sã,

mais un grand nombre d'adjectifs gardent la même terminaison au masculin qu'au féminin. Ex:

leal, loyal | alegre, gai | amavel, aimable | capaz, capable. | feliz, heureux, etc.

Du pluriel.

Il se forme comme dans les noms. Ex:

alegre, gai. alegres, gais.
igual, égal, iguaes, égaux.
amavel, aimable, amaveis, aimables | bom, bon, bons, bons etc.

Comparatif et superlatif.

1. Comparatif de supériorité.
mais velho do que ...
plus vieux que ...

Pluriel.

	masc.		fém. et neut.	
désinence longue.	ые	іе	ыя	ія
désinence courte.	ы	и	ы	и

Comme paradigmes de la forme longue, nous allons décliner les deux adjectifs новый, nouveau et синій, bleu. Quant à la forme courte elle suit la déclinaison du substantif.

Singulier.

Genre masculin et neutre.

Nom.	Gén.	Dat.	Acc.	Inst.	Locat.
m. нов-ый n. нов-ое	нов-аго	-ому	(A)	-ымъ	-омъ
m. син-ій n. син-ее	син-яго	-ему		-имъ	-емъ

Genre féminin.

Nom.	G. D. L.	Acc.	Inst.
нов-ая	-ой	-ую	-ою
син-яя	-ей	-юю	-ею

Pluriel pour les trois genres

Nom.	G. et L.	Dat.	Acc.	Inst.
m. нов-ые n. f. нов-ыя	-ыхъ	-ымъ	(A)	-ыми.
m. син-іе n. f. син-ія	-ихъ	-имъ		-ими.

(A) L'accusatif singulier des adjectifs masculins et neutres, et pluriel dans adjectifs des trois genres, est semblable au nominatif lorsqu'ils qualifient des objets inanimés ou abstraits, et au génitif lorsqu'ils qualifient des êtres animés. (même règle que celle des substantifs).

Pluriel.

N. die gut en
G. der gut en
D. den gut en
A. die gut en.

Décliner sur ce paradigme: dieser, jener, solcher, welcher, jeder.

3° Adjectif précédé de l'article indéfini.

ein guter Wein	eine gute Suppe	ein gutes Wasser.
un bon vin	une bonne soupe	une bonne eau.

Singulier.

	masc.	fém.	neut.
N.	ein guter	-e -e	ein gutes
G.	eines guten	-er -en	eines - en
D.	einem guten	-er -en	einem - en
A.	einen guten	-e -e	ein - es

Pluriel.

N. meine gut en mes bons
G. meiner gut en de mes
D. meinen gut en à mes
A. meine gut en mes

Décliner sur ce paradigme: dein, sein; unser, euer, mein, ihr, kein.

Comparatif et Superlatif.

Le comparatif se forme par l'addition de er ou r, et le superlatif par st ou est. Ex:

kalt, kälter, der kälteste. froid, plus froid. le plus froid.
warm, wärmer, wärmste. chaud, plus chaud, le plus chaud.
edel, noble, fait edler, plus noble.
heiter, serein, fait heiterer, plus serein.

Exemples de:

1° Comparatif de supériorité
Heinrich ist reicher als Ludwig
Henri est plus riche que Louis.

2° Comparatif d'infériorité
Heinrich ist weniger ou minder (ou encore nicht so) reich als Ludwig. Henri est moins (moindre, pas autant) riche que Louis.

3° Comparatif d'égalité
Diese Federn sind eben so gut als (ou wie) jene. Ces plumes sont aussi bonnes que celles-là.
Heinrich ist so reich als Ludwig. Henri est aussi riche que Louis.

est plus agréable que l'hiver.

II. Comparatif d'infériorité
Ce comparatif se forme à l'aide de l'adverbe less (moins), et le superlatif par the least (le moins). Ex:
lazy, paresseux; less lazy, moins paresseux; et the least lazy, le moins paresseux.
application:
Mine eyes are less weak than yours, mes yeux sont moins faibles que les vôtres.

III. Comparatif d'égalité.
James is as tall as his sister. Jacques est aussi grand que sa sœur.

Comparatif et superlatif irréguliers.
good, bon. better, meilleur. the best, le meilleur.
bad, mauvais. worse, pire. the worst, le pire.

Les mots très, fort, bien, se traduisent par very, most. Ex: very happy, très heureux. most amusing, bien amusant.

Nota. L'adjectif anglais ne s'emploie substantivement qu'au pluriel, mais reste invariable. Ex: the wicked, les méchants, mais on dit au singulier: the wicked man, le méchant.

il mio cavallo è altrettanto buono quanto il vostro;
mon cheval est aussi bon que le vôtre.

Remarquer, en outre, les formes suivantes:
Egli è più amabile di voi.
Il est plus aimable que vous.
Il cane è più intelligente del gatto ou che il gatto.
Le chien est plus intelligent que le chat.
Avete tanti onori quanti ne volete
Vous avez autant d'honneurs que vous en voulez (ici tanto et quanto se mettent au pluriel comme se rapportant au subst. pluriel onori.).

quanto più uno è dotto, tanto più si studia. Plus on est savant et plus on étudie.

Comparatifs irréguliers.

maggiore, plus grand + minore, plus petit + migliore, meilleur, peggiore, pire.

Du superlatif.

Il se forme par la désinence issimo, ou par les locutions il più, il meno. Ex.
bello, beau; bellissimo, très beau.
larga, large; larghissima, très large.
molto afflitto, très ou bien affligé
il più bello, le plus beau.
la meno grossa, la moins grosse.
ottimo, très bon — pessimo, très mauvais.

Adjectifs de quantité.

tanto danaro, tant d'argent — tanta bontà, tant de bonté — tanti libri, tant de livres | altrettante sedie; autant de chaises | troppo vino trop de vin | poco sale, peu de sel | molto pane beaucoup de pain. | quanti fanciulli, combien d'enfants. | quanti soldati! que de soldats! abbastanza richezze! assez de richesses. assai oro, beaucoup d'or. | un poco di pazienza, un peu de patience | un poco più di, un peu plus de | un poco meno di, un peu moins de | alquanti giorni, quelques jours | in meno di due giorni, en moins de deux jours. | con maggior facilità, avec plus de facilité. | con minor, avec moins. | una mezza bottiglia, une demi-bouteille. | una bottiglia e mezzo, une bouteille et demie | ambedue le sorelle, les deux sœurs.

Singularités orthographiques sur:

bello, beau — quello, celui-là — grande, grand — buono, bon. Santo, Saint. Ex.
bel campo, beau champ | quel palazzo, ce palais. | bei libri, beaux livres | quei ou que' fanciulli, ces enfants. | gran fatica, grande fatigue | grand' uomo, grand homme | buon ragazzo, bon garçon | San Carlo, St Charles | Sant' Elena, Ste Hélène.

Comparatif et superlatif.

I. Comparatif de supériorité
mas estrecho, plus étroit.
mas largo, plus long.

II. Comparatif d'infériorité
menos rico, moins riche. | es menos sabio que Vd, (il) est moins savant que vous.

III. Comparatif d'égalité.
tengo tanto animo como Vd.
J'ai autant de courage que vous.
le amo tanto cuanto merece
je l'aime autant qu'il le mérite.

Comparatifs irréguliers.

grande, grand — mayor, plus grand
pequeño, petit — menor, moindre,
bueno, bon — mejor, meilleur.
malo, mauvais — peor, pire.
alto, haut — superior, supérieur.
etc —

Observer les locutions suivantes:
lo mas, le plus | lo menos, le moins
cuanto mas sabio es el hombre, tanto mas humilde ha de ser.
Plus l'homme est savant, plus il doit être modeste.
cuanto menos..... tanto menos
moins..... moins.
cuanto mas le preguntan, tanto menos responde. Plus on le questionne, moins il répond.
tanto mas cuanto que.........
d'autant plus que.....

Superlatif —

Il se forme soit au moyen de muy, très — el mas, le plus — el menos, le moins, soit avec la désinence isimo
Ex. un niño muy ignorante ou ignorantisimo.
un enfant très ignorant.
el mas hermoso, le plus beau.
la menos poblada, la moins peuplée.

optimo, très bon | pesimo, très mauvais. | maximo très grand | minimo, très petit | celeberrimo, très célèbre. | magnificentisimo, très magnifique | miserrimo, très chiche. | saluberrimo, très salubre — etc.

Augmentatifs et diminutifs.

Les adjectifs, de même que les subst., possèdent des terminaisons spéciales pour marquer certaines nuances —

Ex.

tonto, sot, niais — tontazo et tontonazo, gros benêt | valeroso, valeureux valentoncillo, petit brave, de valenton, rodomont, fier-à-bras.

II. Comparatif d'infériorité

è menos suave do que...
est moins doux que.....

III. Comparatif d'égalité.
o filho é tão avaro como o pae.
Le fils est aussi avare que le père.

Comparatifs irréguliers.

grande, grand et
maior, plus grand |
pequeno, petit et
menor, moindre. |
bom, bon et
melhor, meilleur. |
mau, mauvais et
peior, pire. |
alto, haut et
superior, plus haut |
baixo, bas et
inferior. { inférieur
plus bas.

Superlatif.

Il se forme au moyen de l'adverbe muito (fort, très), ou par la finale issimo, d'origine latine. Ex.
muito rico, très riche, ou riquissimo.
muito formosa ou formosissima, très belle.
bom, bon et bonissimo très bon.

Quelques adjectifs prennent seulement la forme latine. Ex.
aspero, âpre, asperrimo.
misero, misérable, miserrimo
salubre, salubre, saluberrimo
o mais. le plus
o menos, le moins.

Augmentatifs et diminutifs.

De même que les noms, les adjectifs prennent les terminaisons ão, ito, inho. Ex.
sabio, sage et sabichão, savantasse — sabiosinho, petit savantasse. |
valente, brave — valentão, fanfaron — et valentito, petit fanfaron.

Du comparatif.

Le comparatif se forme au moyen d'inflexions spéciales ajoutées au positif, ou bien de l'adverbe болѣе précédant l'adjectif.

Ces inflexions sont elles-mêmes de deux sortes, suivant qu'elles s'ajoutent à un adjectif à désinence longue ou à un adjectif à désinence courte.

1er Comparatif à désinence longue

Inflexions variables

masc.	fém.	neut.
ѣйшій, айшій, шій	ая	ее

2e Comparatif à désinence courte

Inflexions invariables.

ѣе et е.

бѣлый, бѣлѣйшій et бѣлѣе
blanc . plus blanc.

строгій, строжайшій et строже
sévère plus sévère.

высокій, высшій et выше.
élevé plus élevé, ou
болѣе жидкій, plus liquide

Superlatif.

Le superlatif des adjectifs à désinence longue s'obtient en faisant précéder le mot de самый (m.), самая (fém.) et самое (neut.); ou en plaçant devant le comparatif la particule prépositive наи. Ex:

самый лёгкій ou наилегчайшій } le plus léger.

Quant au superlatif des adjectifs à désinence courte on le forme par les mots всѣхъ ou всего placés devant le comparatif, ou au moyen des adverbes весьма (très) et очень, (très) avec le positif. Ex:

всѣхъ легче, le plus léger
всего труднѣе, le plus difficile
очень хорошъ, très bon
весьма строгъ, très sévère

Comparatifs et superlatifs avec inflexions particulières.

великій, grand.
бóльшій (a), plus grand.
величайшій, le plus grand.
малый, petit.
меньшій (b), plus petit
малѣйшій, le moindre.
(a) больше
(b) меньше } pour la forme courte.

Comparatifs et superlatifs irréguliers.

gut, besser, best der beste.
bon, meilleur, le meilleur.
viel, mehr, die meisten
beaucoup. plus. les plus.
wenig, minder, der mindeste
peu, moindre le moindre.

très se rend par sehr. Ex:
Heinrich ist sehr reich.
Henri est très riche.

Je mehr man hat, desto mehr will man
plus on a, plus on veut (avoir)

Je weniger man arbeitet, desto weniger Lust zum Arbeiten hat man
moins on travaille, moins on a envie de travailler.

Adjectifs numéraux.

Nombres cardinaux.

En général ils sont invariables, sauf ein qui fait einer (un), eine (une), eins (un). (employé substantivt.) et der eine, die eine, das eine
l'un, l'une, l'un.

zwei et drei font au génitif zweier, dreier, et au datif zweien, dreien (deux, trois).

eins	1	dreizehn	13	dreißig	30
zwei	2	vierzehn	14	vierzig	40
drei	3	fünfzehn	15	fünfzig	50
vier	4	sechzehn	16	sechzig	60
fünf	5	siebenzehn	17	siebzig	70
sechs	6	achtzehn	18	achtzig	80
sieben	7	neunzehn	19	neunzig	90
acht	8	zwanzig	20	hundert	100
neun	9	ein und zwanzig	21	hundert und eins	101
zehn	10	zwei und zwanzig	22		
elf	11				
zwölf	12				

tausend — 1000
Million — 1000000.

Nota - Souvent cent et mille sont précédés du mot un. Ex.
ein hundert 100 | ein tausend (1000

Nombres ordinaux.

Ils se déclinent comme les adjectifs épithètes. Ex: die ersten Schüler.
les premiers élèves.

erste	1er	siebente	7e	dreizehnte	13e
zweite	2e	achte	8e	vierzehnte	14e
dritte	3e	neunte	9e	fünfzehnte	15e
vierte	4e	zehnte	10e	sechzehnte	16e
fünfte	5e	elfte	11e	siebzehnte	17e
sechste	6e	zwölfte	12e	achtzehnte	18e

Adjectifs numéraux

Les adjectifs numéraux ne varient pas.

Nombres cardinaux

one	1	twelve	12	twenty-two	
two	2	thirteen	13		
three	3	fourteen	14	thirty	3
four	4	fifteen	15	forty	4
five	5	sixteen	16	fifty	5
six	6	seventeen	17	sixty	6
seven	7	eighteen	18	seventy	7
eight	8	nineteen	19	eighty	8
nine	9	twenty	20	ninety	9
ten	10	twenty-one	21	one hundred	10
eleven	11				

520 = five hundred and twenty
1000 - one thousand

Nombres ordinaux,

Les adjectifs numéraux ordinaux sont tirés des nombres cardinaux en ajoutant à ces derniers le suffixe th - (à l'exception des trois premiers

first	1er	twenty-first	2
second	2e	twenty-second	2
third	3e	twenty-third	
fourth	4e	twenty-fourth	2
fifth	5	twenty-fifth	2
sixth	6e	thirtieth	3
seventh	7e	fortieth	4
eighth	8e	fiftieth	5
ninth	9e	sixtieth	60
tenth	10e	seventieth	70
eleventh	11e	eightieth	80
twelfth	12e	ninetieth	90
thirteenth	13e	hundredth	100
fourteenth	14e	hundred and first	101
fifteenth	15e		
sixteenth	16e	thousandth	100
seventeenth	17e	the last but one	
eighteenth	18e	l'avant-dernier	
nineteenth	19e	the last,	
twentieth	20e	le dernier	

charles the second, Charles II.
On the fifteenth of september
le 15 Septbre.

a pair, a couple, une paire, un couple
a dozen, une douzaine | half a dozen, une demi-douzaine | a dozen and a half, une douzaine et demie | a hundred, un cent
a thousand, un millier | the half, la moitié | the third, le tiers
the three quarters, les 3/4 |

[A]ugmentatifs et diminutifs.

Ils sont formés par des terminaisons [qu]i donnent aux adjectifs des acceptions [fo]rt variables. Ex.:
[b]ello, beau, fait bellone, très beau.
[b]elloccio bellâtre – bellino, joliet –
[b]elletto et belluccio, bellot ——

[Ad]jectifs numéraux.

Nombres cardinaux.

[So]nt invariables, excepté: [u]no = una (f. s.), uni (m. pl.) et une (f. pl.) mille qui fait mila. Ex.: [u]no scudo, un écu – un cavallo, un [ch]eval – un albero, un arbre – una [le]ttera, une lettre – et un' impresa, [un]e entreprise.

[u]no	1	diciassette	17	ottantuno	81
[d]ue	2	diciotto	18	novanta	90
[tr]e	3	diciannove	19	novantuno	91
[q]uattro	4	venti	20	cento	100
[ci]nque	5	ventuno	21	cento uno	101
[se]i	6	trenta	30	cento due	102
[s]ette	7	trentuno	31	ducento	200
[o]tto	8	quaranta	40	ducento uno	201
[n]ove	9	quarantuno	41	ducento due	202
[di]eci	10	cinquanta	50	mille	1000
[u]ndici	11	cinquantuno	51	mille uno	1001
[d]odici	12	sessanta	60	duemila	2000
[tr]edici	13	sessantuno	61	duemila uno	2001
[qu]attordici	14	settanta	70	tremila	3000
[q]uindici	15	settantuno	71	milione, million	
[se]dici	16	ottanta	80	bilione, billion	

Locutions diverses:

[a] uno ad uno, un à un. | a due a due, [de]ux à deux. | a tre a tre, trois à trois | a [du]e, par deux | a diecine, par dizaines | [a] centinaia, par centaines | sono le tre, [il] est trois heures | sono le cinque, le sette [de]lla mattina, il est cinq, sept heures du [m]atin. | è mezzodì, il est midi | è mez[za]notte, il est minuit | tutti e quattro, [to]us les quatres | tutte e due, toutes les [de]ux | cinque via tre quindici, cinq fois [tro]is (font) quinze. | il 25 maggio (ai) or [il] maggio, le (au) 25 mai. | Nel 1400, en 1400. [Fr]a due mesi, fra dodici giorni, [d]ans deux mois, dans douze jours –

Nombres ordinaux.

[I]ls sont variables. Ex.:
[Il] primo giorno del mese,
[l]e premier jour du mois.

Adjectifs numéraux.

Nombres cardinaux.

Ces nombres sont invariables, à l'exception de uno qui fait una (et les composés de ciento).

uno	1	diez y seis	16	ciento dos	102
dos	2	diez y siete	17	doscientos, as	200
tres	3	diez y ocho	18	trescientos, as	300
cuatro	4	diez y nueve	19	cuatrocientos	400
cinco	5	veinte	20	quinientos	500
seis	6	veinte y uno	21	seiscientos	600
siete	7	treinta	30	setecientos	700
ocho	8	cuarenta	40	ochocientos	800
nueve	9	cincuenta	50	novecientos	900
diez	10	sesenta	60	mil	1000
once	11	setenta	70	mil ciento	1100
doce	12	ochenta	80	dos mil	2000
trece	13	noventa	90	cien mil	–
catorce	14	ciento	100	un millon	–
quince	15	ciento y uno	101	dos miliones.	

Nombres ordinaux.

el primero	1er	decimoctavo	18e
la primera	1re	decimonono	19e
el segundo / la segunda	2e	vigesimo	20e
		vigésimo primero	21e
tercero	3e	vigésimo segundo	22e
cuarto	4e	vigésimo tercero	23e
quinto	5e	trigésimo	30e
sexto	6e	cuadragésimo	40e
septimo	7e	quincuagésimo	50e
octavo	8e	sexagésimo	60e
nono	9e	septuagésimo	70e
decimo	10e	octogésimo	80e
undecimo	11e	nonagésimo	90e
duodecimo	12e	centésimo	100e
decimotercero	13e	ducentésimo	200e
decimocuarto	14e	trecentésimo	300e
decimoquinto	15e	sexcentésimo	600e
decimosexto	16e	octogentésimo	800e
decimoseptimo	17e	milésimo	1000e
el penultimo,	l'avant-dernier.		
el ultimo	, le dernier.		

un par, une paire | una decena, une dizaine | una docena, une douzaine | una quincena, une quinzaine | una cuarentena, une quarantaine | una centena, une centaine | un millar, un millier.

la mitad, la moitié | el tercio, le tiers | el cuarto, le quart. | el quinto, le cinquième | el décimo, le dixième | el onzavo, le onzième | el dozavo, le douzième.

el duplo, le double | el triplo, le triple | el cuadruplo, le quadruple |

Adjectifs numéraux.

Nombres cardinaux.

um	1	quatorze	14
dois	2	quinze	15
tres	3	dezeseis	16
quatro	4	dezesete	17
cinco	5	dezoito	18
seis	6	dezenove	19
sete	7	vinte	20
oito	8	vinte e um / uma	21
nove	9		
dez	10	vinte e dois / duas	22
onze	11		
doze	12	trinta	30
treze	13	trinta e um	31

trinta e dois	32
quarenta	40
cincoenta	50
sessenta	60
setenta	70
oitenta	80
noventa	90
cem	100
cento e um	101
cento e dois	102
duzentos	200
duzentos e um	201
tresentos	300
quatrocentos	400
quinhentos	500
seiscentos	600
setecentos	700
oitocentos	800
mil	1000
dois mil	2000
cem mil	–
um milhão	–

Les nombres um, dois et duzentos (200) font au féminin uma, duas et duzentas.

Nombres ordinaux.

primeiro - a	1er
segundo - a	2e
terceiro - a	3e
quarto - a	4e
quinto - a	5e
sexto - a	6e
septimo - a	7e
oitavo - a	8e
nono - a	9e
decimo - a	10e
undecimo - a	11e
duodecimo - a	12e
decimo - terceiro	13

Russe.

Exercices pratiques.

хорошiй чай, du bon thé.
лучшiй чай, du meilleur thé.
самый лучшiй чай, le meilleur thé.

бѣлая бумага, du papier blanc
бѣлѣйшая бумага, du papier plus blanc
самая бѣлая бумага, le papier le plus blanc.

собаки малы, les chiens (sont) petits.
кошки меньше, les chats (sont) plus petits
но мыши малѣйшiя, mais les souris (sont) plus petites

Des augmentatifs.

Les adjectifs à désinence longue prennent la particule пре, et les adjectifs à désinence courte prennent les terminaisons ехонекъ ou охонекъ, ешенекъ ou ошенекъ (fém. нька; neut. нько). Ex.

лёгкiй léger { прелёгкiй ou легохонекъ, легошенекъ } très léger. | малый petit { премалый ou малёхонекъ, малёшенекъ } = très petit

soit:

пребѣлая бумага, un papier très blanc.
эта бумага (есть) бѣлёхонька, ce papier est très blanc.

Des diminutifs.

Les adjectifs à désinence longue prennent les terminaisons оватый ou еватый (fém. ая; neut. ое), et онькiй ou енькiй (fém. ая, neut. ое) — et les adjectifs à désinence courte оватъ, еватъ (fém. а neut. о) et онекъ, енекъ (fém. нька, neut. нько). Ex.

бѣлый blanc { бѣловатый ou бѣленькiй, бѣловатъ ou бѣленекъ } = blanchâtre. | синiй bleu { синеватый ou синенькiй, синеватъ ou синенекъ } = bleuâtre.

soit:

черноватая вода, de l'eau noirâtre
бѣдненькая дѣвочка, une pauvre petite fille
эта краска синевата, cette couleur (est) bleuâtre.

Adjectifs numéraux.

Les adjectifs numéraux sont déclinables; nous donnons ci-dessous quelques paradigmes de cette déclinaison.

Nom. et Acc.	Génit.	Datif.	Instrum.	Locat.
1 { m. одинъ, n. одно }	одного.	одному.	однимъ	одномъ.
f. одна (a)	одной.	одной.	одною.	одной.
m. n. оба } les deux	обоихъ.	обоимъ.	обоими.	обоихъ.
fém. обѣ } les deux	обѣихъ.	обѣимъ.	обѣими.	обѣихъ.
2 { m. n. два, fém. двѣ }	двухъ.	двумъ.	двумя.	двухъ.
3 три	трёхъ.	трёмъ.	тремя.	трёхъ.
4 четыре	четырёхъ.	четырёмъ.	четырьмя.	четырёхъ
5 пять	пяти.	пяти.	пятью.	пяти.
8 восемь	осьми.	осьми.	восемью.	осьми.
50 пятьдесятъ	пятидесяти.	пятидесяти.	пятидесятью.	пятидесяти.
100. двѣсти	двухъ сотъ.	двумъ стамъ.	двумя стами.	двухъ стахъ.

(a) à l'accus. одну. une.

Allemand.

neunzehnte	19.	siebzigste	70.
zwanzigste	20.	achtzigste	80.
ein und zwanzigste	21.	neunzigste	90.
zwei und zwanzigste	22.	hundertste	100.
dreißigste	30.	tausendste	1000.
vierzigste	40.	der vorletzte	l'avant-dernier
fünfzigste	50.	der letzte	le dernier
sechzigste	60.		

Ludwig der Vierzehnte.
Louis XIV.
Der ein und zwanzigste April
Le 21 Avril.

---

ein Paar, une paire | ein Zehner, une dizaine | ein Dutzend, une douzaine | ein halbes Dutzend, une demi-douzaine | Anderthalb Dutzend, une douzaine et demie | eine Mandel, une quinzaine | in vierzehn Tagen, dans deux semaines, dans quinze jou[rs] | ein Schock, une soixantaine | ein Hundert, une centaine, un cent | ein Tausend, un millier.

Die Hälfte, la moitié | das Drittel, le tiers | das Viertel, le quart | vier Viertel = 4/4.

ein mal, une fois | Zwei mal, deux fois | zehnmal, dix fois | hundertmal, cent fois |

einfach, simple | zweifach, double; das Doppelte, le double | dreifach, triple; das Dreifache, le triple.

einerlei, d'une sorte | zweierlei, de deux sortes | dreierlei, de trois sortes | hunderterlei, de cent sortes | allerlei, de toutes sortes | vielerlei, de beaucoup de sortes.

erstens, premièrement | zweitens, deuxièmement | drittens, troisièmement.

es ist halb zwei, il est 1 h. 1/2.
es ist zwölf Uhr Mittag, Mitternacht, il est midi, minuit
es ist ein Viertel auf Eins, il est midi 1/4, ou minuit 1/4.

Anglais.

three sevenths, 3/7
twofold } double
double }
treble } triple.
threefold }
fourfold } quadruple.
quadruple }
fivefold } quintuple.
quintuple }
tenfold } décuple.
décuple }
hundredfold, centuple.
once, une fois | twice, deux fois | three times, trois fois | ten times, dix fois | a hundred times, cent fois |
it is a quarter past one, il est 1 h. 1/4. half past one, 1 h. 1/2 it is twelve o'clock in the day, or it is noon, il est midi | it is twelve o'clock in the night or it is midnight, il est minuit.

Formation des adjectifs.

Les principales terminaisons sont :
able. to drink, boire
drinkable, potable.
ly. friend, ami
friendly, amical
like. war, guerre.
warlike, guerrier.
ish. child, enfant
childish, enfantin
y. thirst, la soif.
thirsty, altéré.
en. wood, bois.
wooden, de bois
some. hand-some, adroit.
ful. fearful, terrible.
less. boundless, illimité

Italien.

la prima pagina del libro, la première page du livre.

primo. 1er | decimo sesto 16
secondo. 2e | decimo settimo 17
terzo. 3e | decimo ottavo 18
quarto. 4e | decimo nono 19
quinto. 5e | ventesimo 20
sesto. 6e | ventesimo primo 21
settimo. 7e | trentesimo 30
ottavo. 8e | quarantesimo
nono. 9e | cinquantesimo
decimo. 10e | sessantesimo 60
undecimo. 11e | settantesimo 70
duodecimo. 12e | ottantesimo 80
decimo terzo. 13e | novantesimo 90
decimo quarto. 14e | centesimo 100
decimo quinto. 15e | millesimo 1000

Luigi decimo quarto.(A) Louis XIV.
Enrico quarto, Henri IV.

in primo luogo, en premier lieu | in quarto luogo, en quatrième lieu | il penultimo,(A) l'avant-dernier | il ultimo, le dernier | otto giorni, une huitaine | quindici giorni, une quinzaine. | oggi ad otto, d'aujourd'hui en huit | domane a quindici, de demain en quinze.

il doppio, le double | il triplo, le triple | il quadruplo, le quadruple.

mezzo, demi | una metà, une moitié | un terzo, un tiers. | un quarto, un quart | un quinto, un 5e.

una decina, une dizaine | una dozzina, une douzaine | una quindicina, une quinzaine | una ventina, une vingtaine | un centinaio, une centaine.

Formation des adjectifs.

amabilità, amabilité | amabile, aimable || dolcezza, douceur et dolce, doux | dolcetto doucet | dolcigno, douceâtre || Alpe, Alpes, Alpestre, sauvage. Alpigiano, habitant des Alpes. alpigno, alpino, des Alpes.

Espagnol.

el quintuplo, le quintuple | el centuplo, le centuple.

Fernando séptimo, Ferdinand Sept.
Felipe segundo, Philippe deux.
capitulo once ou undecimo, Chapitre onzième.
pagina quince, page 15. | pagina treinta, page 30.
el dia 3 de Febrero, ou el 3 de Febrero, le 3 février.
son las doce del dia il est midi.
son las doce de la noche, il est minuit.
à medio dia, à midi.
à media noche, à minuit.
es la una y media il est 1 h. 1/2.
son las seis y veinte y cinco minutos, il est 5 h. 25'.

Formation des Adjectifs.

dolor, douleur | doliente, qui se plaint, triste | dolorido, triste, affligé | doloroso, douloureux, sensible. | dolorosisimo, très douloureux || determinar, déterminer | determinado, qui est déterminé, hardi. determinadisimo, tout à fait déterminé | determinante, déterminant, et determinativo, déterminatif.

Portugais.

decimo quarto 14
decimo quinto 15
decimo sexto 16
vigesimo, a 20
vigesimo, a } 21
primeiro, a }
trigesimo, a 30
quadragesimo 40
quinquagesimo 50
centesimo 100
millesimo 1000
o penultimo l'avant-dernier
o ultimo, le dernier

um par, uma parelha, un couple, une paire | uma dezena, une dizaine | uma duzia, une douzaine | uma quinzena, une quinzaine | uma quarentena, une quarantaine | uma centena, une centaine | um milhar, un millier.

meio, meia, demi | a metade, la moitié | por metade, par moitié | o terço, le tiers | a terça parte, la troisième partie | o quarto, le quart | o decimo, le dixième | o duodecimo, le douzième

duplicado, double | triplicado, triple | quadruplo, quadruple | centuplo, centuple.

primeiramente, premièrement | em segundo lugar, en second lieu | terceira vez, troisième fois | são oito horas e um quarto, il est huit heures et un quart. Bordeos, 8 de Fevereiro, Bordeaux, le 8 février.

Formation des Adjectifs.

bondade, bonté et bondadoso, plein de bonté. etc. etc.

Rus-

Nombres cardinaux.

одинъ, одно (n.), одна (f.)	1	двадцать одинъ	21
два, двѣ (f.)	2	тридцать	30
три	3	сорокъ	40
четыре	4	пятьдесятъ	50
пять	5	шестьдесятъ	60
шесть	6	семьдесятъ	70
семь	7	восемьдесятъ	80
восемь	8	девяносто	90
девять	9	сто	100
десять	10	двѣсти (C)	200
одиннадцать	11	триста	300
двѣнадцать (A)	12	четыреста	400
тринадцать	13	пятьсотъ	500
четырнадцать	14	шестьсотъ	600
пятнадцать	15	семьсотъ	700
шестнадцать	16	восемьсотъ	800
семнадцать	17	девятьсотъ	900
восемнадцать	18	тысяча	1000
девятнадцать	19	двѣ тысячи	2000
двадцать (B)	20	сто тысячъ	100.000
		миллiонъ, un million.	

(A) c.à.d. deux sur dix (2+10) soit 12. (B), deux fois dix (2×10) soit 20. (C) deux fois cent (2×100) soit 200 –

I. Одинъ s'accorde en genre, en nombre et en cas avec son substantif. одинъ носъ, un nez. Dans les numératifs composés, le substantif reste quand même au singulier. Ex тридцать одинъ человѣкъ, trente et un homme.

II. Dans les nombres два, оба, три, четыре et leurs composés тридцать два (32) et c. le substantif se met au génitif singulier. Ex: глазъ, l'œil, два глаза, deux yeux; рука, la main, двѣ руки, deux mains; ухо, l'oreille, два уха, deux oreilles.

III. Dans les nombres 5, 6, 7 et suivants, les noms prennent le génitif pluriel. Ex: палецъ, le doigt, десять пальцовъ

Nombres

первый, m. premier
первая, f. premi[ère]
первое, n. premi[er]
второй, ая, ое
третiй, ая, ое
четвёртый, ая, ое
пятый, ая, ое
шестой, ая, ое
седьмой, ая, ое
осьмой, ая, ое
девятый, ая, ое
десятый, ая, ое
одиннадцатый
двѣнадцатый
тринадцатый
четырнадцатый
пятнадцатый
шестнадцатый
семнадцатый
осьмнадцатый

Pronoms

Les pronoms personnels sont.

1ère Personne.

	Singulier.		Pluriel.	
N.	я	je	мы	nous
G. A.	меня	de moi / me, moi	насъ	de nous / nous.
D. P.	мнѣ	à moi	намъ	à nous
I.	мною	par moi	нами	par nous

2ème Personne.

	Singulier.		Pluriel.	
N.	ты	tu	вы	vous
G. A.	тебя	de toi / te, toi	васъ	de vous / vous
D. P.	тебѣ	à toi	вамъ	à vous
I.	тобою	par toi	вами	par vous

3e Personne.

	masc. (Sing.)		Fem.	
N.	онъ, оно	il	она	elle
G.	его	de lui	ея	d'elle
D.	ему	à lui	ей	à elle
A.	его	lui	её	la
I.	имъ	par lui	ею	par elle
P.	нёмъ	dans lui	ней	en elle

Les pronoms personnels sont :

1ère Personne.

	Singulier.		Pluriel.	
N.	ich	je	wir	nous
G.	meiner	de moi	unser	de nous
D.	mir	à moi	uns	à nous
A.	mich	me, moi.	uns	nous.

2ème Personne.

	Singulier		Pluriel.	
N.	du	tu	ihr	vous
G.	deiner	de toi	euer	de vous
D.	dir	à toi.	euch	à vous
A.	dich	te, toi.	euch	vous.

3e Personne.

Singulier.

	masc		fém		neut	
N.	er	il	sie	elle	es	il, ce, cela
G.	seiner	de lui	ihrer	d'elle	seiner	de lui
D.	ihm	à lui	ihr	à elle	ihm	à lui
A.	ihn	le, lui	sie	la, elle	es	le cela

Les pronoms personnels sont.

1ère Personne.

Singulier.		Pluriel.	
I	je	we	nous
mine	de moi / à moi	ours	de nous / à nous
me	me, moi.	us	nous.

2e Personne.

Singulier		Pluriel	
thou	tu	you	vous
thine	de toi / à toi	yours	de vous / à vous
thee	te, toi	you	vous

3e Personne

Singulier

masc.		fem.		neut.	
he	il	she	elle	it	il
his	de lui / à lui	hers	d'elle / à elle	its	de lui / d'elle
him	le lui	her	la, elle	it	le, la, lui

ordinaux.

девятнадцатый	19
двадцатый	20
двадцать первый	21
тридцатый	30
сороковой, ая, ое.	40
пятидесятый	50
шестидесятый	60
семидесятый	70
осьмидесятый	80
девяностый, ая, ое	90
сотый, ая, ое.	100
двухъ-сотый	200
предпослѣдній, ая. l'avant-dernier.	"
послѣдній, ая, ое. le dernier.	"

пара, paire | десятокъ, une dizaine | дюжина, une douzaine | сотня, une centaine | тысяча, un millier —

половина, la moitié | треть, le tiers | четверть, le quatrième | полтора, un et demi (un demi à deux: 1½) | вдвое, двойной, le double | втрое, тройной, ая, le triple | разъ, une fois | два раза, deux fois | десять разъ, 10 fois | сто разъ, cent fois.

Пётръ (piôtre) Первый, Pierre 1er. Екатерина Вторая, Catherine seconde | четверть девятаго, il est 8h. ¼ | половина девятаго, il est 8h. ½ | восемь часовъ безъ четверти, 8h. - ¼. полдень (moitié du jour) midi | полночь, minuit

Formation des Adjectifs.

легчить, alléger | лёгкость, la légèreté | лёгкій, léger | легковатый, un peu léger | легковерный, crédule | легковѣсный, léger (de poids) | легкоконный, de la cavalerie légère | легкомысленный, léger (de caractère), étourdi | легконогій, aux pieds agiles | лёгонькій, très léger —

Allemand.

Formation des adjectifs.

Mann, homme fait — mannbar, pubère, nubile — männermordend, homicide — mannhaft, en homme de cœur, intrépide — mannhaft, viril, mâle — männisch, qui affecte les manières d'un homme — männlich, d'homme, masculin — mannshoch, de la hauteur, de la taille d'un homme —

Les adjectifs sont dérivés ou composés. Les adjectifs dérivés sont formés à l'aide de suffixes que l'on ajoute aux mots. Les suffixes les plus usités sont: lich, isch, ig, bar, sam, haft, en. Ex.: malerisch, pittoresque | mäßig, mesuré, modéré | essbar, mangeable | folgsam, obéissant. | tugendhaft, vertueux —

Les adjectifs composés sont formés de deux mots, en général. Ex.: Kaltblütig, qui a du sang froid, flegmatique | Kaltsöchig, d'une potesse froide | himmelblau, bleu de ciel | unglücklich, malheureux.

personnels.

Les pronoms personnels sont:

1re Personne.

Singulier		Pluriel	
io,	je	noi,	nous
di me,	de moi	di noi	de nous
a me, mi, me	à moi	a noi, ci, ce,	à nous
me, mi,	moi, me	noi, ci, ce, ne,	nous
da me,	par moi	da noi	par nous

2e Personne.

Singulier		Pluriel	
te	tu	voi	vous
di te	de toi	di voi	de vous
a te, ti, te,	à toi	a voi, vi, ve,	à vous
te, ti	toi	voi, vi, ve,	vous
da te	de toi	da voi,	de vous

Les pronoms personnels sont:

1re Personne.

Singulier		Pluriel	
yo,	je	nos ou nosotros, nosotras	nous
de mi,	de moi	de nosotros — nosotras	de nous
a mi,	à moi.	a nosotros — nosotras	à nous
me,	me.	nos	nous

2e Personne.

Singulier		Pluriel	
tu,	tu	vos ou vosotros, vosotras	vous
de ti,	de toi	de vosotros — vosotras	de vous
a ti,	à toi	a vosotros — vosotras	à vous
te,	te	os,	vous

Les pronoms personnels sont:

1re Personne.

Singulier.		Pluriel.	
eu,	je	nos,	nous.
de mim,	de moi	de nos,	de nous
a mim,	à moi	a nos,	à nous.
me,	me, moi	nos,	nous.

2e Personne.

Singulier.		Pluriel.	
tu,	tu	vos,	vous.
de ti,	de toi	de vos,	de vous.
a ti,	à toi	a vos,	à vous.
te,	te, toi	vos,	vous

3e Personne.

Singulier. (masc)		Pluriel.	
elle,	il	elles,	ils
delle,	de lui	delles,	d'eux
a elle, lhe,	à lui	a elles,	à eux.
o,	— le, lui.	os,	les, eux.

Pluriel des 3 genres.

N. {они, ils
{онѣ, elles,
G. et A. ихъ, d'eux, d'elles, les, eux, elles
D. имъ, leur, à eux, à elles.
I. ими, par eux, par elles
L. нихъ, en eux, en elles.

Pronom réfléchi soi

N. —
G. et A. себя, de soi, se, soi.
D. себѣ, à soi.
I. собою, par soi.

Я себя знаю, je me connais.

Le pronom réfléchi себя se contracte généralement en ся, ou сь à la fin des verbes conjugués pronominalement. Ex:

Я ошибаюсь, je me trompe.
мы ошибаемся, nous nous tromp^ons.

Pronom самъ, même.

Singulier.

masc. et neut.	Fém.
N. {самъ (m.) {само, (n.)	N сама
G.A. самого, de	G.L. } самой de
D. самому, à	D } à
I. самимъ, par	A самую
L. самомъ, de	I. самою. par

Pluriel

N. сами, mêmes
G.A.L. самихъ, de mêmes.
D. самимъ, à mêmes.
I. самими, par mêmes

Я самъ, moi-même.
онъ самъ, lui-même.
сама доброта, la bonté même

Rem. Les pronoms personnels se suppriment souvent au présent de l'indicatif. Ex:
знаю, (je) sais au lieu de я знаю.

Pluriel (des 3 g.).

N. sie, ils, eux, elles.
G. ihrer, d'eux, d'elles.
D. ihnen, à eux, à elles
A. sie, les, eux, elles.

Rem. Le cas possessif des pronoms personnels n'est autre que le pronom possessif all. Ex: meiner, le mien; deiner, le tien.

Des pronoms réfléchis.

Singulier.

	masc.	fém.	neut.	
N.				
G.	seiner,	ihrer,	seiner	de soi, de lui, d'elle
D.	sich	—	—	à soi, à lui, à elle
A.	sich	—	—	se, soi, lui, elle

Pluriel.

N. —
G. ihrer, de soi, d'eux, d'elles.
D. sich, à soi, à eux, leur
A. sich, se, soi.

Ces pronoms servent à former les verbes réfléchis. Ex:

sich freuen, se réjouir.
Ich freue mich, je me réjouis.
Du freust dich, tu te réjouis.
ich selbst, moi-même.
wir selbst, nous-mêmes, etc

Par politesse on emploie Sie (avec une maj.) au lieu de ihr, vous.

Sie glauben mir nicht
Vous ne me croyez pas.

Wie befindet sich {Ihr Herr Vater? / Ihr Fräulein Schwester?
Comment se porte {M^r votre père? / Melle votre sœur?

Er hatte kein Geld bei sich, il n'avait pas d'argent sur lui.

Pluriel (des 3 g.).

they, ils, eux, elles.
theirs, {d'eux, à eux, d'elles
them, les, eux, elles.

Rem. 1. Le cas possessif des pronoms personnels se rend par le pronom possessif. Ex:
that box is mine.
Cette boîte est (mienne) à moi

II. thou ne s'emploie qu'en poésie et dans les prières; on se sert de you. Ex:
Who are you? {qui es-tu? / qui êtes-vous

Des pronoms réfléchis.

myself, moi-même
ourself, nous-même
ourselves, nous-mêmes
thyself, toi-même
yourself, vous-même
yourselves, vous-mêmes
himself, lui-même
herself, elle-même
itself, lui-même, elle-même
one's self, soi-même
themselves, {eux-mêmes / elles-mêmes

I did it myself, je l'ai fait moi-même.

Ces pronoms entrent dans la conjugaison des verbes réfléchis. Ex:

to hurt oneself, se blesser
I hurt myself, je me blesse
we hurt ourselves, nous nous blessons, etc.

3e Personne (masc.)

Singulier		Pluriel	
egli, esso,	il	eglino, essi,	ils
di lui,	de lui	di loro,	d'eux
a lui, gli,	à lui	loro, a loro,	à eux
lui, lo,	le, lui	loro, li, gli,	eux
da lui,	par lui	da loro,	par eux

3e Personne (fém.)

Singulier		Pluriel	
ella, essa,	elle	elleno, esse,	elles
di lei,	d'elle	di loro,	d'elles
a lei, le,	à elle	a loro,	à elles.
lei, la,	la, elle	loro, le,	elles
da lei,	par elle	da loro,	par elles.

ne, en — se, soi.

Rem. I. Le pronom sujet est souvent sous-entendu – parlo, (je) parle; cantate, (vous) chantez.

II – Les pronoms compléments se placent tantot avant, tantôt après le verbe. Ex. lo dico, (je) le dis – voi l'avrete, (vous) l'aurez – Parlatemi, parlez-moi – vorrei dirvi, je voudrais vous dire –

a lui, se rend par gli et à elle par le. Ex. gli, le darò danaro, je lui donnerai de l'argent

III – Par politesse on emploie souvent la 3e personne. Ex. Come sta ella? Comment allez-vous? on sous entend ici vostra signoria (votre seigneurie)

moi-même se rend par io stesso
nous-mêmes " noi stessi,
elle-même " ella-stessa, etc.
avec moi = meco ou con me.
avec toi = teco ou con te, etc.
me voilà = eccomi;
nous voilà = eccoci;
le voilà = eccolo;
les voilà = eccoli.

IV. Les pronoms mi, ti, si, ci, vi servent à former les verbes pronominaux. Ex: pentirsi, se repentir.
Io mi pento, je me repens.
tu ti penti, tu te repens, etc.

V. Les pronoms mi, ti, si, etc, se changent en me, te, se, etc, lorsqu'ils sont suivis de lo, la, li, le etc. Ex:
io te la presenterò mio caro.
je te la présenterai, mon cher.

VI. Le pronom gli se joint aux autres pronoms lo, la, etc par un e. Ex: Io glielo darò domani, je le lui donnerai demain.

3e Personne (masc.)

Singulier		Pluriel	
el,	il	ellos,	ils
de el,	de lui	de ellos,	d'eux
a el,	à lui	a ellos,	à eux.
lo,	le	los,	les.

3e Personne (fém.)

Singulier		Pluriel	
ella,	elle	ellas,	elles.
de ella,	d'elle	de ellas,	d'elles.
a ella,	à elle	à ellas,	à elles
la,	la	las,	les.

Deux genres.

le, se, lui | les, se, leur.

Pronoms réfléchis.

de si, de soi – a si, à soi – se, soi.

Rem. I. Le pronom sujet est généralt sous-entendu. Ex.
consento en ello, j'y consens.

II. Les pronoms régimes se placent tantôt avant, tantôt après le verbe. Ex:
te digo, je te dis.
applicate, applique-toi.
quiere verle à Vd, il désire vous voir

III. Souvent les pronoms se et le sont explétifs. Ex:
se lo ruego à Vd, je vous en prie.
le prometo à Vd, je vous promets

IV. Par politesse on emploie usted (abréviation de Vuestra merced, votre grâce) au lieu de Vos. Ex:
daré à Vd. pruebas, je vous en donnerai des preuves.
Como esta Vd? Comment vous portez-vous?

V. On emploie les pronoms me, te, se, nos, os pour former la conjugaison des verbes pronominaux. Ex:
pasearse, se promener.
yo me paseo, je me promène.
vosotros os paseais, vous vous promenez.

si mismo { soi même / lui-même
si mismos, eux-mêmes
si misma, elle-même
si mismas, elles-mêmes
conmigo, avec moi
contigo, avec toi, etc.

3e Personne (fém.)

Singulier		Pluriel	
ella,	elle	ellas,	elles
della,	d'elle	dellas,	d'elles
a ella, lhe,	à elle	a ellas, lhes,	à elles
a,	la	as,	les

se. { se, soi-même, lui-même / elle-même, eux-mêmes.
a si { à lui-même, à elle-même / à eux-mêmes, etc.

por si – par soi, par lui, par elle. nelle, en, à lui – nella, en elle, à elle
eu mesmo, moi-même, etc –
comigo, avec moi | comtigo, avec toi | comnôsco, avec nous | comvosco, avec vous –

Rem. I. Le pronom sujet est supprimé ordinairement. Ex.
estou doente, je suis malade.

II – Les pronoms régimes précèdent ou suivent le verbe. Ex:
Eu lh'o peço, je vous en prie.
abra-me a porta, ouvrez-moi la porte
venho procurar-vos, je viens vous chercher.

III. Dans le langage de la conversation on parle souvent, par politesse, à la 3e personne. Ex.
O senhor me surprehende (monsieur m'étonne)
Vous m'étonnez.

On se sert aussi de l'expression Vm = Vocé = (vossa mercê), votre grâce. Ex.
traga-nos Vm. a lista.
(Que votre grâce nous apporte la carte) = Apportez-nous la carte.

IV – Par euphonie on change l'r ou l's en l. Ex.
venho buscal-a, je viens la chercher (pour buscar-a).
cedaz nol-o (pour nos o)
Cédez-le nous.

V. Les pronoms me, te, se, nos, vos servent à la conjugaison des verbos pronominaux. Ex:
Defendo-me, je me défends.
vós vos defendeis, vous vous défendez

Russe. — Allemand. — Pronoms et Anglais

Russe.

Les adjectifs et pronoms démonstratifs sont:

сей, этотъ, ce, celui-ci.
то, тотъ, celui-là.
такой et таковой, tel, un tel.

Singulier

masculin et neutre

N.A.	G.A.	D.	I.	L.
сей (m), сіе (n)	сего	сему	симъ	сёмъ
этотъ, это (n)	этого	этому	этимъ	этомъ
тотъ, то (n)	того	тому	тѣмъ	томъ

Féminin.

N.	G.D.L.	A.	I.
сія	сей	сію	сею
эта	этой	эту	этою
та	той	ту	тою

Pluriel (des 3 g.)

N.A.	G.A.L.	D.	I.
сіи	сихъ	симъ	сими
эти	этихъ	этимъ	этими
тѣ	тѣхъ	тѣмъ	тѣми

такой se décline sur какой (V. pronoms relat.).

такой человѣкъ, какъ онъ, un homme tel que lui.

Allemand.

Les adjectifs et pronoms démonstratifs sont:

der et dieser, ce, celui-ci.
jener, celui-là.
derselbe, le même.
derjenige, celui.
solcher, solche, solches, tel, telle.

Dieser et jener se déclinent comme l'article. Ex:

Singulier.

	masc.	fém.	neut.
N.	dieser	diese	dieses
G.	dieses	dieser	dieses
D.	diesem	dieser	diesem
A.	diesen	diese	dieses

Pluriel (pour les 3 g.)

N. diese,	ces, ceux-ci, celles-ci	
G. dieser,	de	"
D. diesen,	à	"
A. diese,		"

Singulier.

	masc.	fém.	neut.
N.	derjenige	diejenige	dasjenige
G.	desjenigen	derjenigen	desjenigen
D.	demjenigen	derjenigen	demjenigen
A.	denjenigen	diejenige	dasjenige

Pluriel.

N. diejenigen,	ceux.
G. derjenigen,	de ceux.
D. denjenigen,	à ceux.
A. diejenigen,	celles.

solcher Mann, tel homme.
ein solcher Mann / solch ein Mann } un tel homme.
all dies, tout ceci.

Anglais.

Les adjectifs et pronoms démonstratifs sont:

this, ce, cet, cette, celui-ci, celle-ci.
thise, ces, ceux-ci, celles-ci.
that, ce, cet, celui-là, celle-là.
thoses, ces, ceux-là, celles-là.

On dit encore

this one, celui-ci, celle-ci
that one, celui-là, celle-là

Quand on parle de deux personnes seulement, on dit:

the former, le premier
the latter, le second.

that of, celui de, celle de
thoses of, ceux de, celles de
such as, tels que, ceux q
all this, tout ceci.
all that, tout cela.
the same, le même, la même chose.

Pronoms et

Russe.

Les possessifs sont:

Masc.	Fém.	Neut.
мой	моя	моё
mon, le mien.	ma, la mienne.	mon, le mien.
твой	твоя	твоё
ton, le tien.	ta, la tienne.	ton, le tien.
его, свой	ея, своя	его, своё
son, le sien	sa, la sienne	son, le sien.
нашъ	наша	наше
notre, le nôtre	notre, la nôtre	notre, le nôtre
вашъ	ваша	ваше
votre, le vôtre.	votre, la vôtre.	votre, le vôtre.

Allemand.

Les adjectifs possessifs sont:

Masc.	Fém.	Neut.	
mein.	meine.	mein.	mon, ma.
dein.	deine.	dein.	ton, ta.
sein.	seine.	sein.	} son, sa.
ihr.	ihre.	ihr.	} son, sa.
unser.	unsere.	unser.	notre.
euer.	eure.	euer.	votre.
ihr.	ihre.	ihr.	leur, leurs.

Rem. On emploie sein quand le mot possesseur est masculin

Anglais.

Les possessifs en anglais sont

my, mon, ma, mes.
thy, ton, ta, tes.
his, (m.) / her, (f.) / its, (n.) } son, sa, ses.
our, notre, nos.
your, votre, vos.
their, leur, leurs.

Adjectifs démonstratifs.

Italien.

Les adjectifs et pronoms démonstratifs sont :

Pour les objets proches de celui qui parle

m.	questo, ce, cet, celui-ci	questa } fém.
	questi, ces, ceux-ci	queste }

Pour les objets proches de celui à qui on parle :

cotesto, celui-là	cotesti, ces, ceux-là
cotesta, celle-là	coteste, ces, celles-là

Pour les objets éloignés de celui qui parle et de celui à qui on parle :

quello, celui-là	quelli, ces, ceux-là
quella, celle-là	quelle, ces, celles-là.

Pronoms usités seulement pour les personnes.

costui, celui-ci	– costoro {	ceux-ci.
costei, celle-ci		celles-ci.
colui, celui-là	– coloro {	ceux-là.
colei, celle-là		celles-là.

colui che, chi, celui qui.

Espagnol.

Les adjectifs et pronoms démonstratifs sont :

Pour les objets proches de celui qui parle :

este, ce, celui-ci	estos, ces, ceux-ci
esta, cette, celle-ci	estas, ces, celles-ci.

Pour les objets proches de celui à qui on parle.

ese, ce, cet, celui-là	esos, ces, ceux-là.
esa, cette, celle-là	esas, ces, celles-là

Pour les objets éloignés de celui qui parle et de celui à qui on parle.

aquel, ce, celui-là	aquellos, ceux-là
aquella, celle-là	aquellas, celles-là

Neutre

esto, ceci | eso, cela | aquello, cela

el que, celui qui, los que, ceux qui
la que, celle qui, las que, celles qui

Portugais

Les adjectifs et pronoms démonstratifs sont :

Pour les objets proches de celui qui parle.

este, ce, celui-ci. estes, ces, ceux-ci.
esta, cette, celle-ci estas, ces, celles-là.

Pour les objets proches de celui à qui on parle :

esse, cet, celui-là. esses, ces, ceux-là
essa, cette, celle-là. essas, ces, celles-là

Pour les objets éloignés de celui qui parle et de celui à qui on parle

aquelle, celui-là aquelles, ceux-là
aquella, celle-là. aquellas, celles-là

Formes substantivées.

isto, ceci | isso et aquillo, cela
nisto, à ceci | nisso et
naquillo, à cela.

o que } celui qui.
aquelle que }
os que } ceux qui.
aquelles que }
a que, aquella que, celle qui.
as que, aquellas que, celles qui.

Adjectifs possessifs.

Italien

Les adjectifs possessifs sont :

Singulier.

Masc.		Fém.	
mio,	mon.	mia,	ma.
tuo,	ton.	tua,	ta.
suo,	son.	sua,	sa.
nostro,	notre.	nostra,	notre.
vostro,	votre.	vostra,	votre.
loro,	leur.	loro,	leur.

Des adjectifs qui précèdent on a for-

Espagnol

Les adjectifs possessifs sont :

Singulier.	Pluriel.
mi, mon, ma.	mis, mes.
tu, ton, ta.	tus, tes.
su, son, sa, leur.	sus, ses, leurs.
nuestro, nuestra } notre.	nuestros, nuestras } nos.
vuestro, vuestra } votre.	vuestros, vuestras } vos.

Portugais

Les adjectifs possessifs sont.

Masc.	Fém.
meu, mon.	minha, ma.
teu, ton.	tua, ta
seu, son, leur.	sua, sa, leur.
nosso, notre.	nossa, notre.
vosso, votre.	vossa, votre.

Pluriel.

наши, nos, les nôtres.
ваши, vos, les vôtres.
ихъ, „ leur, les leurs.

Rem. On emploie свой chaque fois qu'il se rapporte au sujet du verbe. Ex:

я продалъ свою книгу,
j'ai vendu mon livre.
они ожидали своего брата,
ils attendaient leur frère.

On se sert du génitif du pronom personnel de la 3e personne dans tous les autres cas. Ex:

я былъ у его брата,
j'ai été chez son frère (c.à.d. le frère de lui – possesseur masculin).
я знаю ея мужа,
je connais son mari (le mari d'elle – possesseur féminin)
я это дѣлаю для ихъ дѣтей,
je fais cela pour leurs enfants.

Paradigmes

de la déclinaison des possessifs мой, mon, le mien – нашъ, notre –

Singulier.

	masc. neut.	Fém.	Pluriel.
N	мой, моё, нашъ, наше	моя, наша	мои, наши
G	моего, нашего	моей, нашей	моихъ, нашихъ
D	моему, нашему	моей, нашей	моимъ, нашимъ
A	—, —	мою, нашу	—, —
I	моимъ, нашимъ	моею, нашею	моими, нашими
L	моёмъ, нашемъ	моей, нашей	моихъ, нашихъ

ou neutre, et ihr quand ce possesseur est féminin. Ex:

sein Sohn, son fils, seine Tochter, sa fille (en parlant d'un père).
ihr Sohn, son fils, ihre Tochter, sa fille (en parlant d'une mère).

II. On se sert de Ihr au lieu de euer en s'adressant à des personnes qu'on ne tutoie pas.

Les adjectifs possessifs ci-dessous se déclinent comme l'art. ind. ein.

Les pronoms possessifs le mien, la mienne, etc, se rendent de 3 manières; 1o par:

			2o par der, die, das:
meiner, meine, meines.			meine,
deiner, deine, deines,			deine,
seiner, seine, seines,			seine,
ihrer, ihre, ihres,			ihre,
unsrer, unsre, unsres,			unsre,
eurer, eure, eures,			eure,
ihrer, ihre, ihres,			ihre,

ou par, 3e

der die, das meinige, le mien, la mienne
„ „ „ deinige, le tien, la tienne
„ „ „ seinige, ihrige, } le sien, la sienne
„ „ „ unsrige, le, la nôtre.
„ „ „ eurige, le, la vôtre.
„ „ „ ihrige, le, la leur.

meiner se décline comme dieser, et der meine comme der meinige.

Singulier.

	masc.	fém.	neut.
N.	der meinige	die meinige	das meinige
G.	des meinigen	der meinigen	des meinigen
D.	dem meinigen	der meinigen	dem meinigen
A.	den meinigen	die meinige	das meinige

Pluriel.

N. die meinigen. les miens.
G. der meinigen. des miens.
D. den meinigen. aux miens.
A. die meinigen. les miens.

La 3e forme du possessif der meinige, est la plus usitée. + Les remarques concernant l'emploi des adjectifs possessifs sein, ihr et Ihr s'appliquent égalt aux pronoms possessifs seiner, ihrer, Ihrer, etc..

dieses Buch ist mein, ce livre est à moi.

mine { le mien, la mienne, les miens, les miennes
thine { le tien, la tienne, les tiens, les tiennes
his, hers, its { le sien, la sienne, les siens, les siennes
ours, le nôtre, la nôtre, les nôtres
yours, le vôtre, la vôtre, les vôtres
theirs, le leur, la leur, les leurs.

Rem. I. Par politesse on emploie your et non thy. Ex: are your hands clean? (tes ou) vos mains sont-elles propres?

II. Le pronom his s'emploie quand le possesseur est masculin, hers lorsque ce possesseur est féminin, et its quand il est neutre. Ex:

his hands are clean, ses mains (à lui) sont propres
her eyes are blue, ses yeux (à elle) sont bleus.
your house has lost its finest ornament, votre maison a perdu son plus bel ornement.

this horse is mine. Ce cheval est (mien) à moi

Pronoms

Les pronoms relatifs sont:

котóрый, qui, lequel.
кто, qui, celui qui.
что, qui, que, quoi, ce qui
какой, каковой, } qui, lequel, tel qui.
чей, de qui, à qui.
скóлько, combien.

Ces pronoms sont:

welcher, der, } lequel. welche, die, } laquelle. welches, das, } lequel

suivent les déclinaisons.

Singulier.

N. welcher -e -es. lequel, qui
G. dessen, deren (f.). duquel, dont
D. welchem, -er -em. à qui, auquel.
A. welchen -e -es. lequel, qui, que.

Ces pronoms sont:

who, which, that } qui, que, lequel, laquelle, lesquels.

what, ce qui, ce que, quoi.

Le pronom who, déclinable, sert pour les deux genres et les deux nombres,

...ni les pronoms possessifs suivants :

Singulier.

masc.		fem.	
il mio,	le mien	la mia,	la mienne
il tuo,	le tien.	la tua,	la tienne
il suo,	le sien.	la sua,	la sienne.
il nostro,	le nôtre	la nostra,	la nôtre
il vostro,	le vôtre	la vostra,	la vôtre
il loro,	le leur	la loro,	la leur.

Pluriel.

masc.		fem.	
i miei,	les miens	le mie,	les miennes
i tuoi,	les tiens	le tue,	les tiennes
i suoi,	les siens	le sue,	les siennes
i nostri,	les nôtres	le nostre,	les nôtres
i vostri,	les vôtres	le vostre,	les vôtres.
i loro,	les leurs	le loro,	les leurs.

La forme possessive est très variée. Ex. mio fratello, mon frère. mia cugina, ma cousine. il padre mio, mon père. i miei fratelli, mes frères. Come state, amico mio ou amico? Comment allez-vous, mon ami? La vostra signora madre, Madame votre mère ——

è mio parere, c'est mon avis | è colpa sua, c'est sa faute | questi quadri sono suoi, ces tableaux sont (siens) à lui | è un mio cugino, c'est un mien cousin) de mes cousins. | Alberto ama Giulio ed i suoi fanciulli, Albert aime Jules et ses enfants – mais on dit : Alberto ama Giulio ed i di lui fanciulli, Albert aime Jules et ses enfants (ici, les enfants de Jules).

Les pronoms possessifs sont les suivants :

Singulier.

masc.		fem.	
el mio,	le mien	la mia	la mienne
el tuyo,	le tien	la tuya,	la tienne.
el suyo,	le sien / le leur	la suya	la sienne / la leur.
el nuestro,	le nôtre	la nuestra,	la nôtre
el vuestro,	le vôtre	la vuestra,	la vôtre

Pluriel.

masc.	fem.
los mios,	las mias,
les miens,	les miennes,
etc...	etc...

Rem. Le pronom Votre est ordinairement rendu par su, sus et usted, ustedes conjointement. su hermana de Vd, votre sœur. el libro de Vd, votre livre. (le livre de votre Seigneurie).

La forme possessive est encore rendue dans la forme ci-après : esta casa de campo es mia, nuestra. Cette maison de campagne est à moi, à nous. este lapiz es de mi hermano Ce crayon est à mon frère un primo mio, un de mes (un cousin mien) cousins.

Pluriel.

masc.		fem.	
meus,	mes.	minhas,	mes
teus,	tes,	tuas.	tes.
seus,	ses, leurs	suas,	ses, leurs.
nossos,	nos,	nossas,	nos.
vossos,	vos	vossas,	vos.

Les pronoms possessifs sont formés des adjectifs ci-dessus en les faisant précéder de l'article. Ex. o meu, le mien, a minha, la mienne. os meus, les miens, as minhas, les miennes.

os teus discursos encontrarão mais aceitação do que os meus, tes discours trouveront plus d'accès que les miens.

este livro é meu, ce livre est le mien (à moi).

...relatifs.

Ces pronoms sont :

che, cui, qui, que, quoi. a cui, à qui, à quoi. di cui, del quale, du quel / della quale, de laquelle / dei quali, des quels / da cui, } Dont.

dal quale, par lequel / dalla quale, par laquelle } Dont.

Ces pronoms sont : que (régime direct), qui, que. a quien (sing.) à qui – a quienes (pluriel) à qui. de quien (sing.) De qui. de quienes (pluriel) De qui. quien, quienes, qui (p. les personnes).

Ces pronoms sont : quem, (invariable) qui, que (pour les personnes). que, (invariable) qui, que, quoi (se rapportant aux personnes et aux choses) o qual, a qual, os quaes, as quaes. lequel, laquelle, lesquels, lesquelles.

Déclinaison de кто, qui,
что, que, quoi.

N.	G.A.	D.	I.	L.
кто.	кого,	кому.	кѣмъ.	комъ.
что.	чего.	чему.	чѣмъ.	чёмъ.

Déclinaison de
чей (m), чьё (n), de qui? à qui?
какой, какое, quel?

	masc. neut.	fém.	Pluriel.
N.	чей? какой?	чья? какая?	чьи? какие, какія?
G.	чьего? какого?	чьей? какой?	чьихъ? какихъ?
D.	чьему? какому?	чьей? какой?	чьимъ? какимъ?
A.	" "	чью? какую?	" "
I.	чьимъ? какимъ?	чьею? какою?	чьими? какими?
L.	чьёмъ? какомъ?	чьей? какой?	чьихъ? какихъ?

Les pronoms relatifs s'accordent en genre et en nombre avec le substantif auquel ils se rapportent, et prennent le cas que demande le verbe suivant, à l'exception du pronom чей qui s'accorde en genre, en nombre et en cas avec le substantif dont il est accompagné. Ex:
человѣкъ, котораго вы видите.
L'homme que vous voyez.
берегись того, кто льститъ тебѣ.
Prends garde à celui qui te flatte.
учитесь тому, чего вы не знаете.
Apprenez ce que vous ne savez point.
каковъ былъ военачальникъ, таковы и воины, tel était le chef, tels étaient les soldats. слушайся того, въ чьёмъ домѣ ты жилъ, Écoute celui dans la maison duquel tu as vécu.

Pluriel.
N. welche, lesquels.
G. deren, desquels, dont.
etc....

N.	der,	die,	das,	lequel
G.	dessen,	deren,	dessen,	dont, duquel
D.	dem,	der,	dem,	auquel
A.	den,	die,	das,	qui.

Pluriel.
N. die, lesquels
G. deren, desquels
D. denen, auxquels
A. die, lesquels, qui.

wer, celui qui – was, ce qui, ce que.
alles was, tout ce qui, tout ce que.
wovon, (de ce qui), de quoi.
in welcher, où – von welcher, d'où.

Ex:
Der Mann, mit welchem Sie sprechen, L'homme à qui vous parlez.
Der Blinde dessen Loos zu beklagen ist, L'aveugle dont le sort est à plaindre.
Die Eltern deren Kinder gehorchen.... Les parents dont les enfants obéissent...; mais on dit:
Der Herr, von dem Sie sprechen.
Le Monsieur dont vous parlez.
Wer das weiß, etc....
Celui qui sait cela, ...
was Sie sagen, ce que vous dites..
Ich weiß nicht wovon die Rede ist.
Je ne sais de quoi il est question.
Die Stadt von welcher wir kommen.
La ville d'où nous venons.

et ne s'emploie que pour les personnes – au génitif il fait whose (dont, de qui, du quel, et à l'accus. whom, que, lequel.

Le génitif whose ne s'emploie que si dont, de qui indiquent la possession; autrement de qui se traduit par of whom. Ex.
the lady who is in the parlo[ur]
La dame qui est dans le salon.
the boy whose books you have ta[ken]. L'élève dont tu as pris les liv[res].
the persons of whom I speak
Les personnes dont je parle.
the servant whom they call
Le domestique qu'ils appellent.

Les pronoms which et that son[t] invariables et indéclinables; le premier ne se dit que des choses; le second sert pour les personnes et pour les choses. Ex.
the tables wich are in the dining-room. Les tables qui sont dans la salle à manger.
the dogs that belong to us.
Les chiens qui nous appartiennent.
Tell me what he is saying.
Dites-moi ce qu'il dit (ce qu'il dit).

Pronoms

Les pronoms interrogatifs sont les mêmes que les pronoms relatifs. Ex:
Который часъ? quelle heure est-il?
Которое число сегодня?
Quelle date avons-nous aujourd'hui?
До которыхъ поръ? jusqu'à quand?
Кто идётъ? Qui vive? qui va là?
Что это такое? Qu'est-ce que c'est?
Observez l'analogie qui existe entre le pronom composé что за et Was für. Ex:
что за несчастие?
Quel malheur?

Les pronoms sont:
Wer? qui? qui est-ce qui? quel?
Wer ist da? qui est là?
Was? que, quoi? qu'est-ce que?
Was wünschen Sie?
Que désirez-vous?

Déclinaison.

N. wer,	N. was
G. wessen,	G. wessen
D. wem,	D. zu was
A. wen,	A. was

was für ein, eine, quel? quelle espèce? – suivi d'un substantif.

Ces pronoms sont:
N. who, qui, qui est-ce qui?
Poss. whose, de qui, à qui?
obj. whom, qui, qui est-ce que?
Ex:
who is there? Qui est là?
whose book is this?
A qui est ce livre?
whom have you seen?
Qui avez-vous vu?
to whom are you speaking
A qui parlez-vous?
which, lequel, laquelle, lesquelles, etc.

il quale, la quale, i quali, le quali.
lequel, laquelle, lesquels, lesquelles.

Ex:

La casa che (ou cui) vediamo
La casa que nous voyons.
L'uomo a cui parlate.
L'homme à qui vous parlez.
Il cavallo di cui ou del quale mi avete parlato.
Le cheval dont vous m'avez parlé.
È la persona da cui ou dalla quale ho ricevuto questo regalo.
C'est la personne dont j'ai reçu ce cadeau.
Le campagne la cui vista è si piacevole.
Les campagnes dont la vue est si agréable.

---

cio che } ce qui. tutto cio che } tout ce qui
quel che } ce que. tutto quel che } tout ce que
il che } quanto }

Ex:

cio che ou quel che dite è vero.
ce que vous dites est vrai.

—

où se rend par in cui, nel quale, etc. etc....
Nel momento in cui il sole stava per tramontare.
Au moment où le soleil allait se coucher.

el cual, la cual, los cuales, las cuales.
lequel, laquelle, lesquels, lesquelles
cuyo, cuya, cuyos, cuyas.

dont.

lo que, ce qui, ce que.
cuanto, tout ce qui, tout ce que.

Rem: Dont, lorsqu'il ne marque pas la possession, se rend par de quien, de quienes (pour les personnes), et del cual, de la cual, etc. (pour les choses ou p. les animaux).

Ex:

los hombres que hablan.
Les hommes qui parlent.
el hombre a quien hablaba Vd.
L'homme à qui vous parliez
El amigo de quien Vd. me habla
L'ami dont vous me parlez.
Mi jardin cuyos arboles han sido cortados, ... mon jardin dont les arbres ont été coupés .....
lo que Vd. dice es falso.
Ce que vous dites est faux.

—

où se rend par en que, en el cual, en la cual, etc. etc. Ex
un soberano abdica el dia en que su autoridad es desconocida. Un souverain abdique le jour où (c.à.d. dans lequel) son autorité est méconnue.

cujo, cuja, cujos, cujas.

dont

o que, ce qui, ce que.
todo o que, tout ce que.

Rem. Dont se rapportant à des personnes, se traduit par de quem ou de quei

Ex:

o homem a quem o Sr. o deu.
L'homme à qui vous l'avez donné.
o jardin que o senhor vê
Le jardin que vous voyez.
o estudo ao qual consagro os meus vagares. L'étude à laquelle je consacre mes loisirs.
ha brutos cujo instincto se aproxima da intelligencia
Il y a des animaux dont l'instinct approche de l'intelligence.
a pessoa de quem fallo
La personne dont je parle.
o que deu lugar ao boato.
ce qui donna lieu au bruit.

—

où se traduit par onde, em que. Ex.
nos amamos sempre a terra em que (ou onde) nascemos.
Nous aimons toujours le pays où nous naissons.

interrogatifs.

Ces pronoms sont:

chi, qui, qui est-ce qui?
chi siete? qui êtes-vous?
A chi ho l'onor di parlare?
A qui ai-je l'honneur de parler?
Chi fa romore? qui est-ce qui fait du bruit?

che, que, quoi.
che cosa, que, qu'est-ce que?
che intendete di dire?
Que voulez-vous dire?
che cosa volete?
Que (quelle chose) voulez-vous?

Ces pronoms sont:

quien, qui?
¿quien es Vd.? qui êtes-vous?
¿a quien busca Vd.? Qui cherchez-vous?

Nota. Le régime direct ou sujet des personnes se rend en espagnol par le complément indirect; donc, a quien au lieu de quien.

¿Para quien trabaja Vd.?
Pour qui travaillez-vous?

¿de quien? à qui? marquant la possession. Ex:
¿de quien es este libro?
A qui est ce livre?

Ces pronoms sont:

quem, qui.
quem é este homem?
Qui est cet homme?
quem procura?
Qui cherchez-vous?
de quem é esta casa?
A qui est cette maison?

---

que, que, quoi, quel?
que quereis?
Que voulez-vous?

какая прекрасная картина!
Quel beau tableau!
чей это домъ?
A qui est cette maison?
изъ сколькихъ томовъ состоитъ сіе сочиненіе?
De combien de tomes se compose cet ouvrage?

was für einer — eine — eines
lequel, laquelle (sans être suivi d'un substantif). Ex:
was für ein Fisch?
quelle espèce de poisson?
was für Leute?
quelle espèce de gens?
was für einer? lequel ou quelle sorte (de poisson).

welcher? — welche? welches?
lequel? laquelle? lequel?
welches Buch lesen Sie?
quel livre lisez-vous?
welch ein Mann! quel homme!
welch traurige Geschichte!
Quelle triste histoire! (autrement).
Nota. L'adverbe wo combiné avec les particules mit, durch, über, etc... répond aux expressions avec quoi, par quoi, sur quoi ou de quoi, etc.
Womit haben Sie das gemacht?
Avec quoi avez-vous fait cela?

Ex:
which book will you have?
Quel livre voulez-vous?
what, quoi, que, qu'est ce que
what is that?
Qu'est-ce que cela?
what do you want?
Que voulez-vous?
For what? pourquoi?
what a pity!
quel dommage!

Le pronom indéfini On se rend par la 3e personne du pluriel. Ex:
говорятъ, (ils disent), on dit.
нѣкто, quelqu'un.
нѣкто разсказывалъ мнѣ...
quelqu'un m'a raconté
любопытное приключеніе.
une aventure curieuse.
нѣчто, quelque chose.
никто, personne, aucun.
ничто, rien.
ничто ему не удаётся.
rien ne lui réussit.
никакой, ни одинъ, aucun, nul
я не имѣю объ этомъ никакого понятія,
je n'en ai aucune idée.
каждый, каждое, каждая, chaque.
всякъ, chaque, chacun, tout.
всякъ для себя, а Богъ для всѣхъ.
Chacun pour soi et Dieu pour tous.
кто нибудь, кто ни есть,
кто лицо, кто-то.
quiconque, qui que ce soit, n'importe qui. Ex:
если кто нибудь меня спроситъ, скажите что.....
Si quelqu'un me demande, dites que...
что нибудь, что ни есть,
что лицо, что-то
quoique ce soit.
дайте ему что нибудь.
Donnez-lui quelque chose.

man, on.
man sagt, on dit.
On se sert aussi souvent du passif. Ex: es wird gelaufen, (il est couru) on court.
es gelingt einem nicht immer (ça ne réussit pas toujours à chacun)
On ne réussit pas toujours.
On est encore traduit par einer, un, quelqu'un. Ex:
Wenn einer sagte,
si l'on disait!

Jemand, quelqu'un.
Wenn jemand kommt, sagen Sie ihm, er solle warten.
Si quelqu'un vient, dites-lui d'attendre.
Niemand, nul, ne, personne.
Ich habe niemanden gesehen,
je n'ai vu personne.
Etwas, quelque chose.
haben Sie etwas nöthig?
Avez-vous besoin de quelque chose?
nichts, rien.
hier ist nichts zu lachen.
il n'y a aucun sujet de rire.
Keiner, aucun, pas un.
Keiner will es gesehen haben.
Aucun ne veut l'avoir vu.
Jedermann, tout le monde.
Jeder, Jede, Jedes, chaque, chacun.

Pronoms

One, on, un.
one fine morning.
un beau matin.
one says, on dit.
how shall one do it?
Comment le fera-t-on?
Rem. On se traduit encore par la forme passive des verbes ou par les mots we, nous; they, ils, people, les gens. Ex
the houses are pulled down (les maisons sont jetées à bas).
On démolit les maisons.
I am told (je suis dit), on me dit.
they believe it is true,
On croit que c'est vrai.
what will people say if you do thus? Que dira-t-on si vous agissez ainsi?
we seldom write as we speak (nous écrivons rarement comme nous parlons). On écrit rarement comme on parle.
Le pronom indéfini One et son pluriel ones s'emploient souvent en anglais pour éviter la répétition du nom. Ex:
a large room and a small one, Une grande chambre et une petite.
I don't like this apple, give me a better one.
Je n'aime pas cette pomme, donnez m'en une meilleure.

che cosa è la geografia?
Qu'est-ce que la géographie?

che
quale } quel! quelle!
che lavoro squisito!
quel travail admirable!
quale spettacolo doloroso!
quel spectacle affligeant!

---

quale! lequel, laquelle.
quali! lesquels, lesquelles.
quale preferite di questi due cavalli?
Lequel préférez-vous de ces deux chevaux?

que. — que, quoi, quel, quelle.
Ex:
¿que quiere Vd.?
Que voulez-vous?
¿de que sirve eso?
A quoi sert cela?
¡que maravilla! quelle merveille!
¿que caballos ha comprado Vd.?
Quels chevaux avez-vous achetés?

---

cual, lequel, laquelle.
cuales, lesquels, lesquelles.
he aqui dos carruajes, ¿cual préfiere Vd.?
Voici deux voitures, laquelle préférez-vous?

Para que serve isto?
A quoi sert cela?
que penna queres tu?
quelle plume veux-tu?

---

qual, lequel, laquelle.
quaes, lesquels, lesquelles.
qual destes jardins é o seu?
Lequel de ces jardins est à vous?
a qual destes rapazes deste o teu pão?
Auquel de ces garçons as-tu donné ton pain?

indéfinis.

si. on.
si dice, on dit.
si ama la patria,
On aime la patrie.
si abborrono i malvagi.
On déteste les méchants.
Rem. On se traduit encore par le passif ou par les mots uno si, l'uomo si, ou encore par la 1.re personne du pluriel. Ex:
si vendono mobili (les meubles se vendent), on vend des meubles.
è amato (il est aimé), on l'aime.
sono aspettato (je suis attendu) on m'attend.
si divertono (ils ou elles s'amusent) on s'amuse.
se ne parla, on en parle.
c'inganniamo, (nous nous trompons), on se trompe.
uno ou l'uomo si lusinga.
On se flatte.
si vede ou vediamo il campanile di qui.
On voit (ou nous voyons) le clocher d'ici.
vi si ou ci si sta benissimo.
On y est très bien.

---

alcuno, quelqu'un, quelque
qualcheduno
qualcuno } quelqu'un.
qualche, quelque.
alcuni, alcune, quelques.
Rem. *alcuno* après un verbe précédé de la négation *non*,

se, on.
se dice, on dit.
Rem. On se traduit aussi par 1.º la 3.e personne du pluriel. Ex.
dicen (ils disent), on dit.
2.º la forme passive. Ex.
se hacen regocijos (des réjouissances se font), on fait des réjouissances.
3.º la 1.re personne du pluriel. Ex:
muchas veces nos enfadamos sin razon (bien des fois nous nous fâchons sans raison), On se fâche souvent sans raison.
4.º *uno*, un, quelqu'un.
cuando uno está enfermo, ¿que puede hacer? Quand on est malade, que peut-on faire?

---

alguno, alguna -os -as.
quelqu'un, quelqu'une, uns, unes.
alguien, quelqu'un.
alguien (ou *cierto sujeto*) *me lo dijo*.
Quelqu'un me l'a dit.
nadie
ninguno
ninguna } nul, personne, aucun, aucune.
nadie lo sabe ou
no lo sabe nadie,
Personne ne le sait.
algo, quelque chose, quelque peu.

se, on.
pode-se, on peut.
não se diz, on ne dit pas.
vé-se ou se vé um homem,
On voit un homme.
Rem. 1.º On emploie égal.t la 3.e personne du pluriel. Ex.
vêem (ils voient), on voit.
vêem-se ou se vêem homens.
On voit des hommes.
2.º On se sert des mots *Alguem*, quelqu'un (sans négation), et *ninguem*, personne (avec négation). Ex:
Quando alguem é casada não é sempre senhora das suas acções.
Quand on est mariée on n'est pas toujours maîtresse de ses actions.
Ninguem é feliz quando está separado das pessoas que ama deveras.
On n'est pas heureux lorsqu'on est séparé des personnes que l'on aime tendrement.
3.º enfin la forme passive verbale peut être employée. Ex:
defendem-se as boas doutrinas (les bonnes doctrines se défendent ou sont défendues),
On défend les bonnes doctrines.

---

alguem, quelqu'un.
algum -ma -uns -umas.
quelque.

нѣкоторый, какой-то, un certain, quelque.
нѣкоторые люди думаютъ, что..... Certaines gens disent (croient) que..
въ продолженіе нѣкотораго времени. Durant un certain temps.
дайте мнѣ какую-нибудь книгу. Donnez-moi un livre quelconque.
нѣсколько, quelque peu, plusieurs.
одолжите мнѣ нѣсколько денегъ. Prêtez-moi quelque argent.
я расскажу это въ нѣсколькихъ словахъ. Je raconterai cela en quelques mots.
какъ бы. quelque, si.
какъ бы онъ ни былъ богатъ. Quelque riche ou si riche qu'il soit.
другой. autre.
иной, иная, иное, autre, un tel.
прочій. autre. Ex:
приходите въ другой разъ. Venez une autre fois.
Это иное дѣло. C'est autre chose.
между прочимъ, entre autres choses.
и прочее, et cætera.
другъ друга, l'un l'autre.
тотъ и другой, l'un et l'autre.
ни тотъ ни другой, ni l'un ni l'autre.
одинъ за другимъ, l'un après l'autre.
Англичане и Французы ненавидятъ другъ друга. Les Anglais et les Français se détestent les uns les autres.

Jeder sollte lesen und schreiben können. Chacun devrait savoir lire et écrire.
aller, alle, alles, tout, toute, tous.
Aller Gewinnst, tout le gain.
Alle Hoffnung. tout espoir.

mancher, manche, manches? maint, plus d'un, tel, qui.
Mancher lacht Freitag, der Sonntag weinen wird. Tel rit vendredi qui pleurera le dimanche.
Wer.... auch immer! Quiconque.
Wenn Sie es auch (immer) jedem sagen würden, man würde es nicht glauben. A quiconque vous le diriez, on ne le croirait pas.
Was.... auch immer. Quoi que.
Was dieses Mädchen auch sagt (ou sagen mag), man wird ihr nicht glauben. Quoi que cette fille dise, on ne la croira pas.
einiger, einige, einiges? Quelque, quelques.
einiger Maßen, en quelque sorte.
Wie, so... quelque... que.
Wie (ou so) groß und mächtig Sie auch seien.... Quelque grand et quelque puissant que vous soyez....
der eine, der andere. l'un, l'autre.
beides, l'un et l'autre, l'une et l'autre chose.
Alle beide, tous les deux.
Keiner von beiden, aucun des deux, ni l'un ni l'autre.
Auf beiden Seiten. des deux côtés, de côté et d'autre.

some body, some one } any body, any one } Quelqu'un
some body will come to-day. Quelqu'un viendra aujourd'hui.
can any body answer? Quelqu'un peut-il répondre?
Rem. Some, s'emploie dans les phrases affirmatives; any, dans les phrases négatives ou interrogatives.
no body, no one, personne.
you wrong nobody. Vous ne faites tort à personne.
some thing } any thing } Quelque chose.
Fetch me some thing. Apportez-moi quelque chose.
nothing, rien.
he is nothing to me. il ne m'est rien.
none, aucun, nul.
I have none, je n'en ai pas un.
each, every one, chacun.
each of us had his apartment. Chacun de nous avait son appartement.
all, tout, toute, tous.
to work with all one's might. travailler de toutes ses forces.
all or nothing, tout ou rien.
every body, tout le monde.
every thing, tout, tout être.
every living thing, toute créature vivante.
whoever, qui que ce soit, quiconque.
whoever speaks is punished. quiconque parle est puni.
whatever, quoi que ce soit.
whatever he undertakes, he succeeds in it. quoi que ce soit qu'il entreprenne, il y réussit.
some, any, quelque.
some people say, Certaines gens disent,
have you any money? Avez-vous de l'argent?
how.... soever... quelque... que.
How great soever he may be. Quelque grand qu'il puisse être.
the one, the other, l'un, l'autre.
each other } one another } l'un, l'autre.
another, un autre.
to love one another, s'aimer l'un l'autre.
either, l'un ou l'autre.
either of you shall write to me. L'un ou l'autre de vous m'écrira.
neither, ni l'un ni l'autre.

ignifie aucun, nul. Ex:
non ho trovato alcuno.
n'ai trouvé personne
nessuno, nessuna, } aucun, aucune,
niuno, niuna. } personne, nulle.
veruno, veruna, }
nessuno mi parla ou
non mi parla nessuno.
Personne ne me parle.
qualcosa, quelque chose.
qualche giorno ou alcuni giorni, quelques jours.
per quanto... per quanti (pl.
per quanta, per quante (pl.
per .... che ....
quelque.
per quanta bontà abbiate
u. per bontà che abbiate,
quelque bonté que vous ayez.
per quanto coraggioso siate
o per coraggioso che siate.
quelque brave que vous soyez.
niente, rien.
nullo, nul, nulla, nulle, rien
Ces mots sont parfois employés dans le sens de quelque chose. Ex.
Avete bisogno di qualche cosa?
ou avete bisogno di nulla?
Avez-vous besoin de quelque chose?
ciascuno, ciascuna, chaque.
Ogni, chaque, tout, toute.
Ognuno, chacun.
tutto, tutta, tutti, tutte, tout, toute, tous, toutes, tout le monde. Ex:
ogni uomo, tout homme.
tutta la nazione, toute la nation.
ho veduto tutti, j'ai vu tout le monde.
qualunque, quelconque, quiconque.
chiunque, quiconque.
qualsisia, } quel que soit,
qualsivoglia } quel qu'il soit. Ex:
qualsisia (ou qualunque sia)
la vostra opinione,
quelle que soit votre opinion.
checchessia, quoi que ce soit.
chicchessia, qui que ce soit.
ambo ou ambi i fratelli, les 2 frères
ambo ou ambe le sorelle, les 2 sœurs.
altri è rico, altri è povero
ou chi è rico, chi è povero
L'un est riche, l'autre est pauvre.
Parliamo d'altro,
Parlons d'autre chose.
tale, tel, telle.
tali, tels, telles.

tengo que decir à Vd. algo.
j'ai quelque chose à vous dire.
nada, rien
nulo, nula, nul, nulle.
una cosa nula,
une chose sans valeur.
ni uno, ni una; pas un, pas une
cada, chaque
cada uno, chacun.
cada una, chacune.
a cada paso, à chaque pas.
cada dos dias, tous les deux jours
cada tres dias, tous les trois jours.
todo, toda, todos, todas.
tout, toute, tous, toutes.
meterse en todo,
fourrer son nez partout.
todos lo dicen, tout le monde le dit
cualquiera otro que Vd.
tout autre que vous.
por rico, por poderoso que seas, tout puissant, tout riche que tu es.
cualquiera que, quiconque.
cualquiera que lo diga, se engaña.
Quiconque le dit, se trompe.
cualquiera quelconque.
cualquier libro ou
un libro cualquiera.
un livre quelconque.
cualquiera cosa que Vd. haga
ou por mas que Vd. haga.....
Quoique vous fassiez.....
cualquiera que sea el talento de Vd. ou por mucho talento que Vd. tenga.
quelque soit votre talent.
Quelque se rend aussi par Por mas devant un adjectif.
Por mas depravados que sean los hombres.....
Quelque (si) dépravés que soient les hommes.....
los dos, ambos ou entrambos, tous deux
ambas, entrambas. toutes deux
uno à otro, l'un l'autre.
una à otra, l'une, l'autre
uno y otro, l'un et l'autre
una y otra, l'une et l'autre.
ni uno, ni otro, ni l'un, ni l'autre
ni una, ni otra, ni l'une, ni l'autre
Fulano y Fulana han venido, Un tel et une telle sont venus.
tal (ou cual) amo, tal criado.
tel maître, tel valet.
mucho-a-os-as, beaucoup de.
muchos defectos, beaucoup de défauts
poco-a-os-as, peu, peu de.
poco animo, peu de courage.

Dê-me algumas pennas.
Donnez-moi quelques plumes.
Tenho alguns livros.
J'ai quelques livres.
ninguem, personne.
ninguem é tão tolo que o creia
seldo, Personne n'est assez sot pour le croire.
alguma cousa, quelque chose.
nada, rien, nulle chose
Rem. Algum après le substantif signifie aussi nul.
Não tenho dinheiro algum
je n'ai nul argent.
nenhum-ma-uns-umas.
nul, aucun.
nenhum caminho (ou caminho algum) de flores conduz à gloria.
Aucun chemin de fleurs ne conduit à la gloire.
cada, chaque.
cada qual } chacun, chacune,
cada um }
Cada paiz tem suas plantas especiaes, Chaque pays a ses plantes particulières.
Cada qual deve cumprir os seus deveres.
Chacun doit remplir ses devoirs,
tudo, tout.
tudo está perdido, tout est perdu.
todo, toda, todos, todas
tout, toute, tous, toutes,
durante todo o verão
Pendant tout l'été.
todos os homens são mortaes.
tous les hommes sont mortels.
quemquer, quiconque
qualquer, quaesquer; quelconque, quelques
quaesquer louros frivolos que a guerra prometta, Quelques vains lauriers que promette la guerre
muito, Quelque.... que.
muito poderosos que sejam
Quelque puissants qu'ils soient.
ambos, } les deux, tous deux
ambas, } l'un et l'autre.
outro, autre.
tal, taes, tel.
tal como o vê, tel que vous le voyez.
tal qual, tel quel.
muitos, muitas, plusieurs, maint.
perdi muitos dias.
J'ai perdu maint jour.
muito, muita, beaucoup de
muito pão, beaucoup de pain.
pouco-a-os-as. peu de.
pouco pão, peu de pain,
poucos soldados, peu de soldats.
poucas vezes, peu souvent.

Verbes

Russe.

La langue russe ne possède que le verbe быть, être, pour former le futur à forme composée des verbes, et la particule dubitative бы pour former le conditionnel — Le subjonctif se rend par la conjunction чтобы ou чтобъ, que.

Comme on va le voir ci-après, быть est l'équivalent des auxiliaires allemand et anglais werden (devenir), will (vouloir) et shall (devoir).

быть, être.

Indicatif.

Présent

я	есмь	je suis
ты	еси	tu es.
онъ m. / она f. / оно n.	есть	il / elle / il — est
мы	есмы	nous sommes
вы	есте	vous êtes
они / онѣ	суть	ils / elles — sont.

Parfait.

j'étais — je fus — j'ai été — j'avais été, j'eus été — etc.

я / ты / онъ — былъ (m.) / была (fém.) / было (n.)

мы / вы / они — были (pluriel pour les 3 genres).

Futur.

я буду, je serai
ты будешь, tu seras
онъ будетъ, il sera
мы будемъ, nous serons
вы будете, vous serez
они будутъ, ils seront

Impératif.

будь, sois.
будьте, soyez.

Infinitif.

быть, être.

Participes et gérondifs

сущій, ая, ее, étant.
бывъ / бывши — ayant été.

Allemand

La langue allemande en possède trois, savoir: haben, avoir; sein, être, et werden, devenir; ce dernier sert part[t] à former le futur et le conditionnel des verbes

haben, avoir; sein, être.

Indicatif

Présent.

j'ai.	je suis.
Ich habe	Ich bin
Du hast	Du bist
er hat	er ist
wir haben	wir sind
ihr habt	ihr seid
sie haben	sie sind

Passé.

j'avais, j'eus.	j'étais, je fus.
Ich hatte	Ich war
Du hattest	Du warst
er hatte	er war
wir hatten	wir waren
ihr hattet	ihr waret
sie hatten	sie waren

Passé indéfini

j'ai eu.	j'ai été.
Ich habe gehabt	Ich bin gewesen
— hast	— bist
— hat	— ist
— haben	— sind
— habt	— seid
— haben	— sind

Plus-que-Parfait

j'avais, j'eus eu.	j'avais, j'eus été.
Ich hatte gehabt	Ich war gewesen
— hattest	— warst
— hatte	— war
— hatten	— waren
— hattet	— waret
— hatten	— waren

Futur.

j'aurai	je serai
Ich werde haben	Ich werde sein
— wirst	— wirst
— wird	— wird
— werden	— werden
— werdet	— werdet
— werden	— werden

Futur antérieur.

j'aurai eu.	j'aurai été.
Ich werde gehabt haben	Ich werde gewesen sein
— wirst	— wirst
— wird	— wird
— werden	— werden
— werdet	— werdet
— werden	— werden

Anglais

Ces verbes sont:
to have, avoir.
to be, être.
Le futur et le conditionnel sont formés à l'aide des verbes will, vouloir et shall, devoir.

to have, avoir; to be, être.

Indicatif

Présent.

j'ai.	je suis.
I have	I am
thou hast	thou art
he m. / she f. / it n. — has	he / she / it — is
we / you / they — have	we / you / they — are

Passé.

j'avais, j'eus.	j'étais, je fus.
I had	I was
thou hadst	thou wast
he	he was
we / you / they — had	we / you / they — were.

Passé indéfini.

j'ai eu	j'ai été.
I have had	I have been
— hast	— hast
— has	— has
— / — / — have	— / — / — have

Plus-que-Parfait.

j'avais, j'eus eu.	j'avais, j'eus été.
I had had	I had been
— hadst	— hadst
— / — / — / — had	— / — / — / — had

Futur.

j'aurai.	je serai.
I shall have	I shall be
— wilt	— wilt
— will	— will
— shall	— shall
— / — will	— / — will.

Futur antérieur,

j'aurai eu	j'aurai été.
I shall	I shall
— wilt	— wilt

Italien.

La langue italienne a deux verbes auxiliaires, savoir: Avere, avoir. essere, être

Avere, avoir; Essere, être

Indicatif.

Présent.

j'ai.	je suis.
io ho	io sono
tu hai	tu sei
egli m. / ella f. — ha	egli / ella — è
noi abliamo	noi siam
voi avete	voi siete
eglino / elleno — hanno	eglino / elleno — son

Imparfait.

io aveva	io era
tu avevi	tu eri
egli aveva	egli era
noi avevamo	noi erava
voi avevate	voi erava
eglino avevano, ils avaient.	eglino eran, ils étaien

Passé défini.

j'eus.	je fus.
io ebbi	io fui
— avesti	— fosti
— ebbe	— fu.
— avemmo	— fummo
— aveste	— foste
— ebbero	— furono

Passé indéfini.

j'ai eu	j'ai été.
ho avuto.	sono / sei / è — stat[o] — t[a]
hai	
ha	
abbiamo	siamo / siete / sono — stat[i] — t[e]
avete	
hanno	

Passé antérieur.

j'eus eu.	j'eus été.
ebbi avuto.	fui / fosti / fu — stato — ta
avesti	
ebbe	
avemmo	fummo / foste / furono — stati — te
aveste	
ebbero	

Plus-que-parfait.

j'avais eu.	j'avais été.
aveva avuto.	era / eri / era — stato — ta
avevi	
aveva	
avevamo	eravamo / eravate / erano — stati — te
avevate	
avevano	

auxiliaires.

Espagnol

La langue espagnole a deux verbes auxiliaires : haber, avoir et ser, être — Ces deux verbes ont urs synonymes, tener, avoir, posséder (marquant la ossession) et estar, être, se trouver (indiquant un état ccidentel des personnes et des choses).

haber, avoir	tener	ser, être	estar
Indicatif — Présent			
j'ai		je suis	
yo he	yo tengo	yo soy	yo estoy
tu has	tu tienes	tu eres	tu estas
el m. / ellas f. ha	el / ella tiene	el / ella es	el / ella esta
nosotros hemos	— tenemos	nosotras somos	— estamos
vosotros habeis	— teneis	vosotras sois	— estais
ellos m. / ellas f. han	ellos / ellas tienen.	ellos / ellas son	ellos / ellas estan.
Imparfait			
j'avais		j'étais	
habia	tenia	era	estaba
habias	tenias	eras	estabas
habia	tenia	era	estaba
habiamos	teniamos	eramos	estabamos
habiais	teniais	erais	estabais
habian.	tenian	eran	estaban.
Passé défini			
j'eus		je fus	
hube	tuve	fui	estuve
hubiste	tuviste	fuiste	estuviste
hubo	tuvo	fué	estuvo
hubimos	tuvimos	fuimos	estuvimos
hubisteis	tuvisteis	fuisteis	estuvisteis
hubieron	tuvieron	fueron	estuvieron
Passé indéfini			
j'ai eu		j'ai été	
he	he	he	he
has	has	has	has
ha	ha	ha	ha
hemos	hemos	hemos	hemos
habeis	habeis	habeis	habeis
han	han	han.	han
} habido	} tenido	} sido	} estado.
Passé antérieur			
j'eus eu		j'eus été	
hube	hube	hube	hube
hubiste	hubiste	hubiste	hubiste
hubo	hubo	hubo	hubo
hubimos	hubimos	hubimos	hubimos
hubisteis	hubisteis	hubisteis	hubisteis
hubieron	hubieron	hubieron	hubieron
} habido	} tenido.	} sido	} estado.
Plus-que-parfait.		**Plus-que-parfait.**	
j'avais eu		j'avais été	
habia	habia	habia	habia
habias	habias	habias	habias
habia	habia	habia	habia
habiamos	habiamos	habiamos	habiamos
} habido	} tenido,	} sido	} estado.

Portugais

Ces verbes sont au nombre de quatre : ter et haver, avoir ; ser et estar, être, mais avec cette différence que ter marque plus part^t la possession, et estar un état accidentel ou transitoire.

ter, avoir	haver	ser, être	estar
Indicatif — Présent			
j'ai		je suis	
eu tenho	eu hei	eu sou	eu estou
tu tens	tu has	tu es	tu estas
elle / ella tem	elle / ella ha	elle / ella é	elle / ella esta
nos temos	nos havemos	nos somos	nos estamos
vos tendes	vos haveis	vos sois	vos estais
elles / ellas tem.	elles / ellas hão	elles / ellas são	elles / ellas estão.
Imparfait.		**Imparfait**	
j'avais.		j'étais.	
tinha	havia	era	estava
tinhas	havias	eras	estavas
tinha	havia	era	estava
tinhamos	haviamos	eramos	estavamos
tinheis	havieis	erẽis	estavẽis
tinham (ão)	haviam (ão)	eram (ão)	estavam (ão).
Passé défini.		**Passé défini.**	
j'eus		je fus.	
tive	houve	fui	estive
tiveste	houveste	fôste	estiveste
têve	houve	foi	estêve
tivemos	houvêmos	fômos	estivemos
tivestes	houvestes	fôstes	estivestes
tiveram (ão)	houveram	foram (ão)	estiveram (ão)
Passé indéfini		**Passé indéfini.**	
j'ai eu		j'ai été.	
tenho		tenho	tenho
tens		tens	tens
tem		tem	tem
têmos		têmos	temos
tendes		tendes	tendes
tem		tem.	tem
} tido.		} sido	} estado
Passé antérieur.		**Passé antérieur.**	
j'eus eu		j'eus été.	
tive		tive	tive
tiveste		tiveste	tiveste
têve		têve,	têve
tivemos		tivemos	tivemos
tivestes		tivestes	tivestes
tiveram		tiveram	tiveram
} tido.		} sido	} estado
Plus-que-parfait		**Plus-que-parfait.**	
j'avais eu		j'avais été	
tinha		tinha	tinha
tinhas		tinhas	tinhas
tinha		tinha	tinha
tinhamos		tinhamos	tinhamos
} tido		} sido	} estado.

Russe

будущій, ая, ее, ее { devant être, qui sera.
сущій, devenant, étant.

Obs. Le verbe être à l'indicatif est toujours sous-entendu. Ex:
Я французъ.
Je (suis) français, au temps passé, il est exprimé:
Вы не были богаты,
Vous n'étiez pas riches.

Outre le verbe быть, la langue russe se sert encore d'autres verbes comme auxiliaires, tels que:
бывать (aspect fréquentatif), être souvent, etc.
стать, être, devenir, se mettre à! (ne s'emploie qu'au futur et au passé)
начинать } commencer de.
начать. Ex:
Я стану говорить, au lieu de.
Я буду говорить.
Je parlerai. et
Я сталъ ou началъ говорить, писать.
Je me mis à parler, à écrire.
бывать, être souvent (forme fréquentative).

Présent
Я бываю je suis souvent
ты бываешь tu es
онъ бываетъ il est
мы бываемъ n. sommes
вы бываете v. êtes
они бываютъ ils sont

Passé.
J'étais, je fus souvent, etc.
я, ты, онъ } бывалъ (m.), бывала (fém.), бывало (n.)
мы, вы, они } бывали,

Impératif.
бывай - sois.
пусть онъ бываетъ ou да бываетъ онъ, qu'il soit.
бываемъ
пусть мы бываемъ ou да бываемъ мы, soyons.
бывайте soyez
пусть они бываютъ qu'ils soient.

Allemand

Conditionnel
Présent.

j'aurais, etc.	je serais, etc.
Ich würde } haben	Ich würde } sein
- würdest	- würdest
- würde	- würde
- würden	- würden
- würdet	- würdet
- würden	- würden

Passé.

j'aurais eu.	j'aurais été
Ich würde } gehabt haben	Ich würde } gewesen sein
- würdest	- würdest
- würde	- würde
- würden	- würden
- würdet	- würdet
- würden	- würden

Subjonctif
Présent.

que j'aie	que je sois
Daß ich habe	Daß ich sei
- habest	- seiest
- habe	- sei
- haben	- seien
- habet	- seiet
- haben	- seien

Imparfait.

que j'eusse	que je fusse
Ich hätte	Ich wäre
- hättest	- wärest
- hätte	- wäre
- hätten	- wären
- hättet	- wäret
- hätten	- wären

Parfait.

que j'aie eu	que j'aie été
Ich habe } gehabt	Ich sei } gewesen
- habest	- seiest
- habe	- sei
- haben	- seien
- habet	- seiet
- haben	- seien

Plus-que-Parfait.

que j'eusse eu	que j'eusse été
Ich hätte } gehabt	Ich wäre } gewesen
- hättest	- wärest
- hätte	- wäre
- hätten	- wären
- hättet	- wäret
- hätten	- wären

Impératif.

habe.	aie	sei.	sois
habe er.	qu'il ait.	sei er.	qu'il soit
haben wir ou laßt uns haben	ayons	seien wir ou laßt uns sein	soyons
habet.	ayez	seid.	soyez
haben sie.	qu'ils aient.	seien sie.	qu'ils soient.

Anglais

- will } have had	- will } have been.
- shall	- shall
- will	- will

Conditionnel.
Présent.

j'aurais.	je serais.
I should } have.	I should } be.
- wouldst	- wouldst
- would	- would
- should	- should
- would	- would

Passé.

j'aurais eu	j'aurais été
I should } have had	I should } have been
- wouldst	- wouldst
- would	- would
- should	- should
- would	- would

Subjonctif.
Présent.

que j'aie.	que je sois.
that I } have	that I } be
- thou	- thou
- he	- he
- we	- we
- you	- you
- they	- they

Imparfait.

que j'eusse	que je fusse
that I } had	that I } were.
- thou	- thou
- he	- he
- we	- we
- you	- you
- they	- they

Parfait.

que j'aie eu.	que j'aie été
that I } have had	that I } have been.
thou	thou
he	he
we	we
- you	- you
they	they

Plus-que-Parfait

que j'eusse eu	que j'eusse été
that I } had had	that I } had been.
- thou	- thou
- he	he
we	we
- you	- you
they	- they

Impératif.

have, aie	be, sois
let him have qu'il ait	let him be qu'il soit

Italien

Futur.

j'aurai, etc.	je serai, etc.
avrò	sarò
avrai	sarai
avrà	sarà
avremo	saremo
avrete	sarete
avranno.	saranno

Futur antérieur.

j'aurai eu	j'aurai été
avrò } avuto	sarò } stato - stati
avrai	sarai
avrà	sarà
avremo	saremo
avrete	sarete
avranno	saranno

Conditionnel.
Présent.

j'aurais	je serais.
avrei	sarei
avrésti	sarésti
avrèbbe	sarèbbe
avremmo	sarémmo
avréste	saréste
avrèbbero	sarèbbero.

Passé.

j'aurais eu.	j'aurais été
avrei } avuto.	sarei } stato - stati
avresti	saresti
avrebbe	sarebbe
avremmo	saremmo
avreste	sareste
avrebbero	sarebbero

Subjonctif.
Présent.

que j'aie.	que je sois
che io abbia	che io sia
- abbia (abbi)	- sia (sii)
- abbia	- sia
- abbiamo	- siamo
- abbiate	- siate
- abbiano	- siano

Imparfait.

que j'eusse	que je fusse
che io avessi	che io fossi
- avéssi	- fossi
- avesse	- fosse
- avéssimo	- fossimo
- avéste	- foste
- avéssero	- fossero

Parfait,

que j'aie eu	que j'aie été
che io abbia } avuto.	che io sia } stato - stati
- tu d°	- tu -
- egli d°	- egli -
- abbiamo	- siamo
- abbiate	- siate
- abbiano	- siano

Espagnol				Portugais			
habiais	habiais	habiais	habiais	tinheis		tinheis	tinheis
habian	habian	habian	habian	tinham		tinham	tinham
Futur.		**Futur.**		**Futur.**		**Futur.**	
j'aurai		je serai		j'aurai		je serai.	
habré	tendré	seré	estaré	terei	haverei	serei	estarei
habras	tendras	serás	estaras	teras	haveras	seras	estaras
habra	tendra	será	estará	tera	havera	sera	estara
habremos	tendremos	seremos	estaremos	terêmos	haverêmos	serêmos	estarêmos
habreis	tendreis	sereis	estareis	terêis	haverêis	serêis	estarêis
habran	tendran	seran	estarán	terão	haverão	serão	estarão
Futur antérieur.		**Futur antérieur.**		**Futur antérieur.**		**Futur antérieur.**	
j'aurai eu		j'aurai été		j'aurai eu		j'aurai été	
habré habido	habré tenido	habré sido	habré estado	terei tido		terei sido	terei estado
habrás	habrás	habrás	habrás	teras		teras	teras
habra	habrá	habrá	habrá	tera		tera	tera
habremos	habremos	habremos	habremos	terêmos		terêmos	terêmos
habreis	habreis	habreis	habreis	terêis		terêis	terêis
habran	habran	habrán	habran	terão		terão	terão
Conditionnel		**Conditionnel.**		**Conditionnel**		**Conditionnel.**	
Présent		Présent		Présent		Présent	
j'aurais		je serais		j'aurais		je serais.	
habria	tendria	seria	estaria	teria	haveria	seria	estaria
habrias	tendrias	serias	estarias	terias	haverias	serias	estarias
habria	tendria	seria	estaria	teria	haveria	seria	estaria
habriamos	tendriamos	seriamos	estariamos	teriamos	haveriamos	seriamos	estariamos
habriais	tendriais	seriais	estariais	terieis	haverieis	serieis	estarieis
habrian	tendrian	serian	estarian	teriam	haveriam	seriam	estariam.
Passé		**Passé**		**Passé**		**Passé.**	
j'aurais eu		j'aurais été		j'aurais eu		j'aurais été.	
habria habido	habria tenido	habria sido	habria estado	teria tido		teria sido	teria estado
habrias	habrias	habrias	habrias	terias		terias	terias
habria	habria	habria	habria	teria		teria	teria
habriamos	habriamos	habriamos	habriamos	teriamos		teriamos	teriamos
habriais	habriais	habriais	habriais	terieis		terieis	terieis
habrian	habrian	habrian	habrian	teriam		teriam	teriam

Forme commune au Conditionnel présent et à l'Imparfait du Subjonctif.

j'aurais, que j'eusse.		je serais, que je fusse		j'aurais, que j'eusse		je serais, que je fusse.	
hubiera	tuviera	fuera	estuviera	tivera	houvera	fora	estivera
hubieras	tuvieras	fueras	estuvieras	tiveras	houveras	foras	estiveras
hubiera	tuviera	fuera	estuviera	tivera	houvera	fora	estivera
hubieramos	tuvieramos	fuéramos	estuvieramos	tiveramos	houveramos	foramos	estiveramos
hubierais	tuvierais	fuerais	estuvierais	tiverêis	houverêis	forêis	estiverêis
hubieran	tuvieran	fueran	estuvieran	tiveram (ão)	houveram (ão)	foram (ão)	estiveram (ão)
Subjonctif		**Subjonctif**		**Subjonctif.**		**Subjonctif.**	
Présent		Présent		Présent		Présent.	
que j'aie		que je sois		que j'aie		que je sois.	
que yo haya	que yo tenga	que yo sea	que yo esté	que eu tenha	que eu haja	que eu sêja	que eu estêja
hayas	tengas	seas	estés	tenhas	hajas	sejas	estejas
haya	tenga	sea	esté	tenha	haja	seja	esteja
hayamos	tengamos	seamos	estemos	tenhâmos	hajâmos	sejâmos	estejâmos
hayais	tengais	seais	esteis	tenhais	hajais	sejais	estejais
hayan	tengan	sean	esten	tenham	hajam	sejam	estejam
Imparfait		**Imparfait**		**Imparfait.**		**Imparfait.**	
que j'eusse		que je fusse		que j'eusse		que je fusse.	
hubiese	tuviese	fuese	estuviese	tivesse	houvesse	fosse	estivesse
hubieses	tuvieses	fueses	estuvieses	tivesses	houvesses	fosses	estivesses
hubiese	tuviese	fuese	estuvie	tivesse	houvesse	fosse	estivesse
hubiesemos	tuviesemos	fuésemos	estuviesemos	tivessemos	houvessemos	fossemos	estivessemos
hubieseis	tuvieseis	fueseis	estuvieseis	tivesseis	houvesseis	fosseis	estivesseis.

Russe.

Participes.

Бывающій, ая, ее étant, existant.

Бывавшій, ая, ее étant (autrefois)

бывавъ, бывавши ayant été.

Du verbe possessif « Avoir. »

Le verbe se traduit de deux manières, soit au moyen du verbe быть, être, soit en employant le verbe имѣть, avoir.

Ex.:

1° есть ли у васъ денегъ? (mot à mot: est-il chez vous de l'argent) Avez-vous de l'argent?

2° Я имѣю книгу j'ai un livre.

La première forme est la plus usitée.

имѣть, Avoir.

Я имѣю	j'ai.
ты имѣешь	tu as.
онъ имѣетъ	Il a.
мы имѣемъ	N. avons
вы имѣете	V. avez
они имѣютъ	Ils ont.

J'avais, j'eus, j'ai eu.

Я, ты, онъ имѣлъ

она имѣла, elle eut.

мы, вы, они имѣли.

Я буду	имѣть	j'aurai
ты будешь		tu auras
онъ будетъ		il aura
мы будемъ		N. aurons
вы будете		V. aurez
они будутъ		ils auront

j'aurais.

Я / ты / онъ } имѣлъ-бы

мы / вы / они } имѣли-бы

que j'aie - que j'eusse

имѣю, я, имѣю имѣлъ

- мы, вы, они имѣли

имѣй, aie.

имѣйте, ayez

имѣя, ayant

имѣвши, ayant eu.

Allemand.

habe ich? ai-je? bin ich? suis-je

Ich habe nicht, je n'ai pas. Ich bin nicht. je ne suis pas

habe ich nicht, n'ai-je pas, bin ich nicht? ne suis-je pas.

Infinitif

Présent

haben, avoir sein, être.

Passé.

gehabt haben gewesen sein

avoir eu avoir été.

Participe.

Présent

habend, ayant seiend, étant.

Passé.

gehabt, eu gewesen, été.

Comme auxiliaires de modes l'idiome de Schiller se sert des verbes sollen et müssen, devoir (sens de nécessité, d'obligation). Ex.:

Ich muß ausgehen,

il faut que je sorte.

Du sollst deinen Nächsten lieben

tu dois aimer ton prochain (idée d'obligation morale) —

wollen, vouloir. (idée de volonté. Ex.:

Ich will es thun,

je veux le faire. —

Können, dürfen et mögen signifiant pouvoir, mais avec des nuances différentes. Ex.:

er kann kommen

il peut venir (rien ne l'empêche de venir.

On dit aussi dans le sens de savoir: Ich kann Deutsch,

je sais l'allemand.

Dürfte ich Sie fragen?

Pourrais-je vous demander? (ici ai-je le droit, suis-je autorisé.)

es mag sein,

cela se peut, pourrait-être.

lassen, laisser, entre dans la formation de l'impératif. Ex.:

Laßt uns gehen! sortons!

Anglais.

let us have let us be.

ayons soyons.

have, ayez be, soyez.

let them have. let them be

qu'ils aient qu'ils soient

Infinitif.

Présent

to have, avoir. to be, être.

Passé

to have had to have been

avoir eu. avoir été.

Participe.

Présent

having, ayant. being, étant.

Passé.

having had. having been

ayant eu. ayant été.

Outre les auxiliaires déjà mentionnés (to have et to be) la langue anglaise possède encore les verbes I shall, je dois. I will, je veux. I may, je puis. to let, laisser. to do, faire.

1° Shall et will.

Ces deux auxiliaires servent à former le futur et le conditionnel des verbes anglais mais avec des nuances que nous allons établir.

Le premier (shall) donne le futur prédicatif; il marque seulement un fait à venir.

Le second (will) compose le futur volontatif marquant aussi la volonté de faire telle ou telle chose. Ex.:

I shall receive some money to-morrow, je recevrai de l'argent demain. et

I will not receive that, je ne recevrai pas cela (c.-à-d. je ne veux pas).

Ces deux futurs se conjuguent de la façon suivante:

J'appellerai

F. préd.	F. vol.	
I shall	will	call
thou wilt	shalt	
he will	shall	
we shall	will	
you will	shall	
they will	shall	

Italien.

Plus-que-Parfait.

que j'eusse eu.		que j'eusse été.	
che io avessi	avuto	che io fossi	stato-ta
- avessi		- fossi	
- avesse		- fosse	
- avessimo		- fossimo	stati-te
- aveste		- foste	
- avessero		- fossero	

Impératif.

abbi, aie.	sii sois.
non avere, (a) n'aie pas	non essere, (a) ne sois pas.
abbia egli qu'il ait	sia egli. qu'il soit.
abbiamo, ayons.	siamo, soyons
abbiate, ayez	siate, soyez.
abbiano eglino, qu'ils aient.	siano eglino qu'ils soient

Infinitif.

avere, avoir. essere, être.

Participe

Présent.

avendo	ayant en ayant	essendo	étant en étant
in avere		in essere	
con avere		con essere	
coll'avere		coll'essere	
nell'avere		nell'essere	

Passé

avuto, avuta. stato, stata

eu, eue. stati, state.

avuti, avute

eus. eues. été.

(a) La 2e personne du singulier de l'impératif de tous les verbes, quand elle est accompagnée d'une négation, se rend par l'infinitif:

non amare, n'aime pas.

2° I may, je puis, il se peut que je (possibilité éventuelle, permission, répond à dürfen) sert à composer une forme particulière du subjonctif, après les conjonctions that, afin que, although, quoique, etc, ainsi qu'après: I wish, je désire, I hope, j'espère, etc. Ex.: (that) I may call (afin que) j'appelle.

(that) I might call (afin que) j'appelasse.

Nota. Le verbe I can veut dire aussi je puis, mais ici avec le sens de: je suis capable de, je sais (répond à Ich kann). Ex.:

I will do it if I can, je le ferai si je puis.

he can read and write, il sait lire et écrire.

3° to do, faire,

est employé dans les verbes conjugués interrogativement ou négativement. Ex.:

Espagnol				Portugais			
hubiesen	tuviesen	fuesen	estuviesen	tivessem	houvessem	fossem	estivessem.

Parfait.

que j'aie eu		que j'aie été		que j'aie eu		que j'aie été	
haya	haya	haya	haya	tênha	tênha	tênha	tênha
hayas	hayas	hayas	hayas	tenhas	tenhas	tenhas	tenhas
haya	haya	haya	haya	tenha	tenha	tenha	tenha
hayamos	hayamos	hayamos	hayamos	tenhâmos	tenhamos	tenhamos	tenhamos
hayais	hayais	hayais	hayais	tenhais	tenhais	tenhais	tenhais
hayan	hayan	hayan	hayan	tenham	tenham	tenham	tenham
habido.	tenido.	sido.	estado.	tido.	habido	sido	estado.

Plus-que-Parfait.

que j'eusse eu.		que j'eusse été		que j'eusse eu.		que j'eusse été.	
hubiese	hubiese	hubiese	hubiese	tivesse		tivesse	tivesse
hubieses	hubieses	hubieses	hubieses	tivesses		tivesses	tivesses
hubiese	hubiese	hubiese	hubiese	tivesse		tivesse	tivesse
hubiesemos	hubiesemos	hubiesemos	hubiesemos	tivessemos		tivessemos	tivessemos
hubieseis	hubieseis	hubieseis	hubieseis	tivesseis		tivesseis	tivesseis
hubiesen	hubiesen	hubiesen	hubiesen	tivessem		tivessem	tivessem
habido	tenido	sido.	estado.	tido.		sido	estado.

Futur simple.

Si j'ai ou quand j'aurai		Si je suis ou quand je serai.		Si j'ai ou quand j'aurai.		Si je suis ou quand je serai.	
(si) hubiere	(si) tuviere (α)	fuere (α)	estuviere	(se) tivêr (α)	(se) houvêr	(se) fôr (α)	(quando) estivêr
hubieres	tuvieres	fueres	estuvieres	tivêres	houvêres	fôres	estivêres
hubiere	tuviere	fuere	estuviere	tivêr	houvêr	fôr	estivêr
hubieremos	tuvieremos	fuéremos	estuviéremos	tivêrmos	houvêrmos	formos	estivêrmos
hubiereis	tuviereis	fuereis	estuviereis	tivêrdes	houvêrdes	fôrdes	estivêrdes
hubieren	tuvieren	fueren;	estuvieren	tivêrem	houvêrem	fôrem	estivêrem.

Futur composé.

Si j'avais eu ou quand j'aurais eu		Si j'avais été ou quand j'aurais été		Si j'avais eu ou quand j'aurais eu		Si j'avais été ou quand j'aurais été.	
hubiere	hubiere	hubiere	hubiere	tivêr		(quando) tivêr	tivêr
hubieres	hubieres	hubieres	hubieres	tivêres		tivêres	tivêres
hubiere	hubiere	hubiere	hubiere	tivêr		tivêr	tivêr
hubieremos	hubieremos	hubieremos	hubieremos	tivêrmos		tivêrmos	tivêrmos
hubiereis	hubiereis	hubiereis	hubiereis	tivêrdes		tivêrdes	tivêrdes
hubieren	hubieren	hubieren	hubieren	tivêrem		tivêrem	tivêrem
habido.	tenido.	sido.	estado.	tido.		sido	estado

Impératif.

[illegible] point comme auxiliaire.

aie	—	ten	sois	sé	está	aie.	tem.	há.	sois	sê	está
qu'il ait	—	tenga él	qu'il soit	sea él	esté él	qu'il ait	tenha elle	hája elle	qu'il soit	sêja elle	estêja elle
ayons	—	tengamos	soyons	seamos	estemos	ayons	tenhamos	hajâmos	soyons	sejâmos	estejamos
ayez	—	tened	soyez	sed	estad	ayez	tende	havei	soyez	sêde	estai
qu'ils aient	—	tengan ellos	qu'ils soient	sean ellos	esten	qu'ils aient	tênham	hajam	qu'ils soient	sêjam	estejam.

Infinitif.

Espagnol — Présent

haber avoir tener. — ser, être, estar.

Passé.

haber habido, haber tenido — haber sido, haber estado

avoir eu. — avoir été.

Participe

Présent (6).

habiendo, ayant, teniendo — siendo, étant, estando.

Passé.

habido, eu. tenido. — sido, été. estado.

(α) Ce temps est particulier à la langue espagnole; il ajoute à l'idée du futur une idée de désir, de doute, de crainte.

Portugais — Infinitif Personnel.

avoir moi, parce que j'ai. — être moi, parceque je suis.

têr (B)	havêr	sêr (B)	estár
têres	havêres	sêres	estáres
têr	havêr	sêr	estár
têrmos	havêrmos	sêrmos	estármos
têrdes	havêrdes	sêrdes	estárdes
têrem	havêrem	sêrem.	estárem.

Impersonnel.

ter, avoir, haver — ser, être. estar.

Participe Présent.

tendo, ayant. havendo. — sendo, étant, estando

Participe Passé.

tido, eu. havido — sido, été estado.

(α) Le futur du subjonctif, qui n'existe point en français, doit être employé après les particules conditionnelles se, quando. Ex: Eu não sei quando vender, je ne sais quand je viendrai — (B) Le temps personnel de l'infinitif est une autre particularité de l'idiome portugais. Ex: E triste amardes, il est triste que vous aimiez (sens déterminé et personnel);

Anglais (suite).

Do I call? = est-ce que j'appelle? | I do not call = je n'appelle pas. —

On se sert aussi de do pour éviter la répétition du verbe précédemment énoncé. Ex.

Do you understand? yes, I do. = Comprenez-vous? Oui. (sous entendu = I do understand).

He speaks as well as you do. = il parle aussi bien que vous.

Enfin to do forme le présent et le parfait défini emphatiques des verbes pour leur donner plus de force

Ex: I do call, j'appelle (certainement, en effet) — I did call, j'appelai.

4° to let, laisser,

est employé à l'impératif. Ex: let him call, qu'il appelle (laissez-le appeler).

to be, être,

employé concurremment avec un autre verbe, présente l'action comme se faisant au moment où l'on parle. Ex. I am going to the castle (je suis en train de me diriger vers...) soit: Je vais au château

---

Verbes

Russe

L'infinitif des verbes se termine généralement par ть (пи-сать, écrire); quelques uns ont l'ancienne forme ти (мес-ти, balayer).

Nous donnons ci-après les verbes дѣлать, faire; хвалить, louer et писать, écrire, comme types de conjugaison.

Indicatif

Présent

Je fais, etc.

я дѣла-ю
ты дѣла-ешь
онъ дѣла-етъ
мы дѣла-емъ
вы дѣла-ете
они дѣла-ютъ

Je loue, etc.

я хвал-ю
ты хвали-шь
онъ хвали-тъ
мы хвали-мъ
вы хвали-те
они хвал-ятъ

J'écris

я пиш-у
ты пиш-ешь
онъ пиш-етъ
мы пиш-емъ
вы пиш-ете
они пиш-утъ

Allemand

L'infinitif des verbes allemands se termine en en: loben, louer; laufen, courir.

loben, louer.

Indicatif

Présent

Je loue, etc.

Ich lob-e
Du lob-st
er lob-t
wir lob-en
ihr lob-t
sie lob-en

Imparfait

je louais, je louai, etc.

Ich lob-te
Du lob-test
er lob-te
wir lob-ten
ihr lob-tet
sie lob-ten

Passé indéfini,

j'ai loué.

Ich habe
Du hast
er hat
wir haben
ihr habt
sie haben } gelobt

Plusque-parfait

j'avais, j'eus loué.

Ich hatte

Anglais

Il est à remarquer que la conjugaison des verbes anglais est très simple, surtout si on la compare avec celle des autres langues.

to fill, remplir.

Indicatif

Présent.

je remplis.

I fill
thou fill-est
he m. / she f. / it n. } fill-s
we / you / they } fill

Passé.

Je remplissais, je remplis.

I fill-ed
thou fill-edst
he / we / you / they } fill-ed

Passé indéfini.

J'ai rempli, etc.

I have
thou hast
he has
we / you / they } have } fill-ed

Italien

Nota. Les principaux ... tionnel, du reste, la lecture ... férentes terminaisons ver... Les langues italienne, ...

1° en are.	2° en ere.
am-are aimer	cred-ere croire.

Indica[tif]

Pré[sent]

J'aime.	Je crois.
am-o	cred-o
am-i	cred-i
am-a	cred-e
am-iamo	cred-iamo
am-ate	cred-ete
am-ano.	cred-ono

Impar[fait]

J'aimais	je croyais.
am-ava	cred-eva
am-avi	cred-evi
am-ava	cred-eva
am-avamo	cred-evamo
am-avate	cred-evate
am-avano	cred-evano

Passé

J'aimai	je crus.
am-ai	cred-ei
am-asti	cred-esti
am-ò	cred-è
am-ammo	cred-emmo
am-aste	cred-este

Portugais (Suite).

É triste amar, (infinitif impersonnel), il est triste d'aimer (sens plus vague).

Rem. Les temps composés des verbes sont formés avec *ter* et jamais avec *haver*.

Nuances à observer dans l'emploi de *ser* & *estar*, *ter* & *haver*.

1° *Ser* marque un état habituel tandis que *estar* indique un état accidentel. Ex: *Sou doente* = je suis malade (j'ai une constitution maladive) — *estou doente* = je suis malade (pour le moment, indisposition passagère) —+— 2° *estar* précédant un participe présent ou un infinitif, indique que l'action a lieu au moment où l'on parle, ou qu'elle se fait simultanément avec une autre action. Ex: *que esta seu irmão fazendo?* ou *que esta seu irmão a fazer?* = Que fait votre frère? (maintenant). *Eu estava escrevendo* (ou *a escrever*) *quando minha mãe entrou* = J'écrivais lorsque ma mère entra.] Cependant si au lieu de la préposition *a* il y a la préposition *para* (pour) avant l'infinitif, cela indique une action future ou qui va commencer. Ex: *Estou para partir* = je vais partir ou j'ai l'intention de partir ou je suis prêt pour partir. —+— 3° Les verbes *ter* et *haver* suivis de la particule *de* précédant un infinitif, ont deux acceptions différentes. Ex: *Tenho de defender* = j'ai à défendre, je dois défendre (comporte une idée de devoir, d'obligation) — et = *Hei de defender* = je défendrai; ici, il y a simplement idée de futur). — **Rem.** — L'auxiliaire *haver* (de même que le v. avoir en français) a servi à former le futur et le conditionnel des verbes par la contraction de *hei* (ai), *has* (as) etc, et de *havia* (j'avais) et, ainsi *amar-hei* (j'ai à aimer), *amar havia* (j'avais à aimer) ont fait *amarei*, *amaria*, etc, etc. —

Espagnol. Portugais.

actifs.

emps à étudier tout d'abord sont: le Présent de l'Indicatif, l'Imparfait, le Passé défini, le futur et le Condi-
quotidienne et quelque peu attentive d'ouvrages de littérature étrangère, initiera bien vite le lecteur aux Dif-
bales

spagnole et portugaise ont chacune trois conjugaisons, savoir:

3e en ire.	1e en ar.	2e en er.	3e en ir.	1e en ar.	2e en er.	3e en ir.
serv-ire servir.	am-ar aimer	tem-er craindre	recib-ir recevoir	am-ar aimer	defend-er défendre	applaud-ir applaudir
tif		Indicatif			Indicatif	
ent.		Présent.			Présent	
Je sers.	j'aime	je crains	je reçois	j'aime.	je défends.	j'applaudis
serv-o	am-o	tem-o	recib-o	am-o	defend-o	applaud-o
serv-i	am-as	tem-es	recib-es	am-as	defend-es	applaud-es
serv-e	am-a	tem-e	recib-e	am-a	defend-e	applaud-e
serv-iamo	am-amos	tem-emos	recib-imos	am-amos	defend-emos	applaud-imos
serv-ite	am-ais	tem-eis	recib-is	am-ais	defend-eis	applaud-is
serv-ono	am-an.	tem-en.	recib-en.	am-am (ão)	defend-em	applaud-em
fait.		Imparfait.			Imparfait.	
Je servais.	j'aimais	Je craignais	je recevais.	j'aimais	je défendais	j'applaudissais
serv-iva	am-aba	tem-ia	recib-ia	am-ava	defend-ia	applaud-ia
serv-ivi	am-abas	tem-ias	recib-ias	am-avas	defend-ias	applaud-ias
serv-iva	am-aba	tem-ia	recib-ia	am-ava	defend-ia	applaud-ia
serv-ivamo	am-abamos	tem-iamos	recib-iamos	am-avamos	defend-iamos	applaud-iamos
serv-ivate	am-abais	tem-iais	recib-iais	am-aveis	defend-ieis	applaud-ieis
serv-ivano	am-aban	tem-ian	recib-ian	am-avam	defend-iam	applaud-iam
défini.		Passé Défini.			Passé Défini.	
Je servis.	j'aimai	je craignis	je reçus.	j'aimai	je défendis	j'applaudis
serv-ii	am-é	tem-í	recib-í	am-ei	defend-i	applaud-i
serv-isti	am-aste	tem-iste	recib-iste	am-aste	defend-este	applaud-iste
serv-i	am-ó	tem-ió	recib-ió	am-ou	defend-eu	applaud-iu
serv-immo	am-ámos	tem-imos	recib-imos	am-ámos	defend-emos	applaud-imos
serv-iste	am-asteis	tem-isteis	recib-isteis	am-astes	defend-estes	applaud-istes

Ruße

Nota. Se bien graver dans la mémoire la terminaison de chaque personne.

Prétérit

j'ai fait, je fis, etc.

я, ты, онъ } дѣлалъ (m.), дѣлала (f.), дѣлало (n.)
мы, вы, они } дѣлали.

J'ai loué, je louai, etc.

я, ты, онъ } хвалилъ (m.), хвалила (f.), хвалило (n.)
мы, вы, они } хвалили

J'ai écrit, j'écrivis, etc.

я, ты, онъ } писалъ (m.), писала (f.), писало (n.)
мы, вы, они } писали.

Futur:

1° (à forme composée).

je ferai.

я буду
ты будешь
онъ будетъ } дѣлать
мы будемъ
вы будете
они будутъ

2° (à forme simple).

je ferai.

я сдѣлаю, etc.

(Voir: Formation des verbes, Aspects).

---

je louerai, etc.

я буду хвалить, etc.

j'écrirai, etc.

я буду писать, etc.

Conditionnel.

je ferais, etc.

я, ты, онъ } дѣлалъ-бы
мы, вы, они } дѣлали-бы

je louerais, etc.

я хвалилъ-бы, etc.

j'écrirais, etc.

я писалъ-бы

Allemand

du hattest
er hatte
wir hatten } gelobt
ihr hattet
sie hatten

Futur.

je louerai, etc.

Ich werde
du wirst
er wird } loben
wir werden
ihr werdet
sie werden

Futur antérieur.

j'aurai loué, etc.

Ich werde
du wirst
er wird } gelobt haben
wir werden
ihr werdet
sie werden

Conditionnel.

Présent.

je louerais, etc.

Ich würde
du würdest
er würde } loben
wir würden
ihr würdet
sie würden

Passé.

j'aurais loué, etc.

Ich würde
du würdest
er würde } gelobt haben
wir würden
ihr würdet
sie würden

Subjonctif

Présent

Que je loue, etc.

Daß ich lob-e
– du lob-est
– er lob-e
– wir lob-en
– ihr lob-et
– sie lob-en

Imparfait.

Que je louasse, etc.

Daß ich lob-te
– du lob-test
– er lob-te
– wir lob-ten
– ihr lob-tet
– sie lob-ten.

Anglais

Plus-que-Parfait.

j'avais, j'eus rempli, etc.

I had
thou hadst
he } had } fill.ed
we
you
they

Futur.

je remplirai, etc.

I shall
thou wilt
he will } fill.
we shall
you } will
they

Futur antérieur.

j'aurai rempli, etc.

I shall
thou wilt
he will } have fill.ed
we shall
you } will.
they

Conditionnel.

Présent

je remplirais, etc.

I should
thou wouldst
he would } fill.
we should
you } would
they

Paßé.

j'aurais rempli, etc.

I should
thou wouldst
he would } have filled
we should
you } would.
they

Subjonctif

Présent

Que je remplisse.

that I
– thou
– he } fill.
– we
– you
– they

Imparfait.

Que je remplisse, etc.

that I
– thou
– he } filled
– we

Italien

am arono | cred erono

Paßé

j'ai aimé, etc.

ho
hai
ha } amato
abbiamo
avete
hanno

j'ai cru, etc.

ho
hai
ha } creduto
abbiamo
avete
hanno

Plus-que-

j'avais aimé

aveva
avevi
aveva } amato
avevamo
avevate
avevano

j'avais cru

aveva
avevi
aveva } creduto
avevamo
avevate
avevano

Paßé

j'eus aimé

ebbi
avesti
ebbe } amato
avemmo
aveste
ebbero

j'eus cru

ebbi
avesti
ebbe } creduto
avemmo
aveste
ebbero

Futur.

j'aimerai,

am.erò
am.erai
am.erà
am.eremo
am.erete
am.eranno

je croirai,

cred.erò
cred.erai
cred.erà
cred.eremo
cred.erete
cred.eranno

Futur anté

j'aurai aimé

avrò
avrai
avrà } amato
avremo
avrete
avranno

j'aurai cru

avrò
avrai
avrà } creduto
avremo
avrete
avranno

Condition

j'aimerais.

am.erei
am.eresti
am.erebbe
am.eremmo
am.ereste
am.erebbero

je croirais.

cred.erei
cred.eresti
cred.erebbe
cred.eremmo
cred.ereste
cred.erebbero

Paßé

j'aurais aimé

avrei
avresti
avrebbe } amato
avremmo
avreste
avrebbero

j'aurais cru

avrei
avresti
avrebbe } creduto
avremmo
avreste
avrebbero

	Espagnol.			Portugais.		
serv. irono	am. aron	tem. ieron	recib. ieron	am. aram (ão)	defend. eram (ão)	applaud. iram (ão)

indéfini. — Passé indéfini.

j'ai servi, etc.	j'ai aimé, etc.	j'ai craint, etc.	j'ai reçu, etc.	j'ai aimé, etc.	j'ai défendu.	j'ai applaudi.
ho	he	he	he	tenho	tenho	tenho
hai	has	has	has	tens	tens	tens
ha	ha	ha	ha	tem	tem	tem
abbiamo	hemos	hemos	hemos	temos	temos	temos
avete	habeis	habeis	habeis	tendes	tendes	tendes
hanno	han	han	han	tem	tem	tem
servito	amado	temido	recibido	amado	defendido	applaudido

Parfait. — Passé antérieur.

j'avais servi,	j'eus aimé.	j'eus craint.	j'eus reçu.	j'eus aimé.	j'eus défendu.	j'eus applaudi.
aveva	hube	hube	hube	tive	tive	tive
avevi	hubiste	hubiste	hubiste	tiveste	tiveste	tiveste
aveva	hubo	hubo	hubo	têve	têve	têve
avevamo	hubimos	hubimos	hubimos	tivemos	tivemos	tivemos
avevate	hubisteis	hubisteis	hubisteis	tivestes	tivestes	tivestes
avevano	hubieron	hubieron	hubieron	tiveram	tiveram	tiveram
servito	amado	temido	recibido	amado	defendido	applaudido

antérieur. — Plus-que-Parfait.

j'... servi, etc.	j'avais aimé.	j'avais craint.	j'avais reçu.	j'avais aimé.	j'avais défendu.	j'avais applaudi.
[illegible]	habia	habia	habia	tinha	tinha	tinha
avesti	habias	habias	habias	tinhas	tinhas	tinhas
ebbe	habia	habia	habia	tinha	tinha	tinha
avemmo	habiamos	habiamos	habiamos	tinhamos	tinhamos	tinhamos
aveste	habiais	habiais	habiais	tinheis	tinheis	tinheis
ebbero	habian	habian	habian	tinham	tinham	tinham
servito	amado	temido	recibido	amado	defendido	applaudido

Futur.

je servirai, etc.	j'aimerai	je craindrai	je recevrai.	j'aimerai	je défendrai.	j'applaudirai.
serv. irò	am. aré	tem. eré	recib. iré	am. arei	defend. erei	applaud. irei
serv. irai	am. aras	tem. eras	recib. iras	am. aras	defend. eras	applaud. iras
serv. irà	am. ará	tem. era	recib. ira	am. ara	defend. era	applaud. ira
serv. iremo	am. aremos	tem. eremos	recib. iremos	am. arémos	defend. eremos	applaud. iremos
serv. irete	am. areis	tem. ereis	recib. ireis	am. areis	defend. ereis	applaud. ireis
serv. iranno	am. aran	tem. eran	recib. iran	am. arão	defend. erão	applaud. irão

rieur. — Futur antérieur.

j'aurai servi, etc.	j'aurai aimé.	j'aurai craint.	j'aurai reçu.	j'aurai aimé.	j'aurai défendu.	j'aurai applaudi.
avrò	habré	habré	habré	terei	terei	terei
avrai	habras	habras	habras	teras	teras	teras
avrà	habra	habra	habra	tera	tera	tera
avremo	habremos	habrémos	habrémos	terêmos	terêmos	terêmos
avrete	habreis	habreis	habreis	tereis	tereis	tereis
avranno	habran	habran	habran	terão	terão	terão
servito	amado	temido	recibido	amado	defendido	applaudido

nel. — Conditionnel.

je servirais.	j'aimerais.	je craindrais.	je recevrais.	j'aimerais	je défendrais.	j'applaudirais.
serv. irei	am. aria	tem. eria	recib. iria	am. aria	defend. eria	applaud. iria
serv. iresti	am. arias	tem. erias	recib. irias	am. arias	defend. erias	applaud. irias
serv. irebbe	am. aria	tem. eria	recib. iria	am. aria	defend. eria	applaud. iria
serv. iremmo	am. ariamos	tem. eriamos	recib. iriamos	am. ariamos	defend. eriamos	applaud. iriamos
serv. ireste	am. ariais	tem. eriais	recib. iriais	am. ariãis	defend. eriẽis	applaud. iriẽis
serv. irebbero	am. arian	tem. erian	recib. irian	am. ariam	defend. eriam	applaud. iriam

Passé.

j'aurais servi.	j'aurais aimé.	j'aurais craint.	j'aurais reçu.	j'aurais aimé.	j'aurais défendu.	j'aurais applaudi.
avrei	habria	habria	habria	teria	teria	teria
avresti	habrias	habrias	habrias	terias	terias	terias
avrebbe	habria	habria	habria	teria	teria	teria
avremmo	habriamos	habriamos	habriamos	teriamos	teriamos	teriamos
avreste	habriais	habriais	habriais	tericis	tericis	tericis
avrebbero	habrian	habrian	habrian	teriam	teriam	teriam
servito	amado	temido	recibido	amado	defendido	applaudido

Russe.

Subjonctif.

que je fasse, etc.

чтобъ я / – ты / – онъ } дѣлалъ
– мы / – вы / – они } дѣлали

que je loue, etc.
чтобъ я хвалилъ, etc.
que j'écrive, etc.
чтобъ я писалъ, etc.

Impératif.

La terminaison est и pour le singulier et ите pour le pluriel à la 2e personne, les autres personnes se forment avec le verbe пусть, impératif de пустить, laisser. Ex:

дѣлай — fais
пусть онъ дѣлаетъ — qu'il fasse
дѣлайте — faites
пусть они дѣлаютъ — qu'ils fassent
et
дѣлаемте, faisons.

Infinitif.

дѣлать, faire
хвалить, louer
писать, écrire.

Participes et Gérondifs.

дѣлающій, – ющая, – ющее } faisant
дѣлавшій, – вшая, – вшее } ayant fait.
дѣлая (A), – ючи } en faisant
дѣлавъ (A), – вши } en ayant fait.
дѣлаемый, – емая, – емое } étant fait
дѣланный, – нная, – нное } ayant été fait.

(A) Les terminaisons du gérondif я et въ sont plus usitées dans la langue écrite.

~ Accord ~

Le participe s'accorde avec son sujet ou avec le nom qu'il qualifie. Ex:

Allemand.

Parfait.

Que j'aie loué, etc.

Daß ich habe / – du habest / – er habe / – wir haben / – ihr habet / – sie haben } gelobt

Plus-que-parfait

Que j'eusse loué, etc.

Daß ich hätte / – du hättest / – er hätte / – wir hätten / – ihr hättet / – sie hätten } gelobt

Impératif.

lob-e, loue
daß er lobe, qu'il loue
loben wir, louons
lobt ou lobet, louez
daß sie loben, qu'ils louent.

Infinitif

Présent
lob-en, louer.
Passé
gelobt haben, avoir loué.

Participe

Présent
lob-end, louant.
Passé
gelobt, loué.

Forme positive.
Ich verstehe Sie
Je vous comprends.

Forme négative.
Ich verstehe Sie nicht
Je ne vous comprends pas.

Forme interrogative.
Verstehen Sie mich?
Me comprenez-vous?

Forme négative et interrogative.
Versagen Sie es mir nicht?
Ne me le refusez pas?

Anglais

you / they } filled

Parfait

que j'aie rempli.

that I / – thou / – he / – we / – you / – they } have filled

Plus-que-parfait

que j'eusse rempli.

that I / – thou / – he / – we / – you / – they } had filled.

Impératif.

fill; remplis
let him / – her / – it } fill, qu'il ou qu'elle remplisse,
let us fill, remplissons
fill, remplissez
let them fill, qu'ils remplissent

Infinitif.

Présent.
to fill, remplir.
Passé
to have filled, avoir rempli.

Participe

Présent
fill-ing, remplissant
Passé
filled, rempli.
having fill-ed, ayant rempli.

Forme positive.
I understand you.
Je vous comprends.

Forme négative.
I do not understand you.
Je ne vous comprends pas.

Nota. Les verbes auxiliaires anglais rejettent l'auxiliaire do à l'exception de do et let. Ex:
We can not
Nous ne pouvons
will he? veut-il?

Italien.

Subjonctif.

Présent

Que j'aime.	Que je croie.
Che io am-i	Che cred-a
– am-i	– cred-a
– am-i	– cred-a
– am-iamo	– cred-iamo
– am-iate	– cred-iate
– am-ino	– cred-ano

Imparfait

Que j'aimasse	Que je crusse
Che am-assi	Che cred-essi
– am-assi	– cred-essi
– am-asse	– cred-esse
– am-assimo	– cred-essimo
– am-aste	– cred-este
– am-assero	– cred-essero

Parfait

Que j'aie aimé	Que j'aie cru
Che abbia	Che abbia
– abbi	– abbi
– abbia	– abbia
– abbiamo	– abbiamo
– abbiate	– abbiate
– abbiano } amato	– abbiano } creduto

Plus-que-parfait

Que j'eusse aimé	Que j'eusse cru.
Che avessi	Che avessi
– avessi	– avessi
– avesse	– avesse
– avessimo	– avessimo
– aveste	– aveste
– avessero } amato	– avessero } creduto

Impératif

am-a	cred-i
aime	crois
non amare	non credere
n'aime pas	ne crois pas
ch'egli ami	ch'egli creda
qu'il aime	qu'il croie
am-iamo	cred-iamo
aimons	croyons.
am-ate	cred-ete
aimez	croyez
ch'eglino amino	ch'eglino credano
qu'ils aiment	qu'ils croient

Infinitif

am-are	cred-ere
aimer	croire

Participe

Présent

aimant ou en aimant.	croyant ou en croyant
am-ando	cred-endo

que je serve
che serv-a
– serv-a
– serv-a
– serv-iamo
– serv-iate
– serv-ano

que je servisse
che serv-issi
– serv-issi
– serv-isse
– serv-issimo
– serv-iste
– serv-issero

que j'aie servi.
che abbia
– abbi
– abbia
– abbiamo
– abbiate
– abbiano } servito.

Parfait.
que j'eusse servi
che avessi
– avessi
– avesse
– avessimo
– aveste
– avessero } servito.

serv-i
sers.
non servire
ne sers pas
ch'egli serva
qu'il serve
serv-ixmo
servons
serv-ite
servez
ch'eglino
servano
qu'ils servent.

servire
servir.

servant ou
en servant.
serv-endo

Espagnol.

Forme commune au Conditionnel présent et à l'imparfait du subjonctif.

j'aimerais ou	je craindrais ou	je recevrais ou
que j'aimasse	que je craignisse	que je reçusse
am. ara	tem. iera	recib. iera
am. aras	tem. ieras	recib. ieras
am. ara	tem. iera	recib. iera
am. aramos	tem. ieramos	recib. ieramos
am. arais	tem. ierais	recib. ierais
am. aran	tem. ieran	recib. ieran

Subjonctif.

Présent.

Que j'aime	que je craigne	que je reçoive
que yo am-e	que yo tem-a	que yo recib-a
– am. es	– tem. as	– recib. as
– am. e	– tem. a	– recib. a
– am. emos	– tem. amos	– recib. amos
– am. eis	– tem. ais	– recib. ais
– am. en	– tem. an	– recib. an

Imparfait

que j'aimasse	que je craignisse	que je reçusse
que am. ase	que tem. iese	que recib. iese
– am. ases	– tem. ieses	– recib. ieses
– am. ase	– tem. iese	– recib. iese
– am. asemos	– tem. iesemos	– recib. iesemos
– am. aseis	– tem. ieseis	– recib. ieseis
– am. asen	– tem. iesen	– recib. iesen

Parfait.

Que j'aie aimé	que j'aie craint	que j'aie reçu
que haya	que haya	que haya
– hayas	– hayas	– hayas
– haya	– haya	– haya
– hayamos	– hayamos	– hayamos
– hayais	– hayais	– hayais
– hayan } amado	– hayan } temido	– hayan } recibido

Plus-que-Parfait.

que j'eusse aimé	que j'eusse craint	que j'eusse reçu
que hubiese	que hubiese	que hubiese
– hubieses	– hubieses	– hubieses
– hubiese	– hubiese	– hubiese
– hubiesemos	– hubiesemos	– hubiesemos
– hubieseis	– hubieseis	– hubieseis
– hubiesen } amado	– hubiesen } temido	– hubiesen } recibido

Futur simple.

Si j'aime.	Si je crains	Si je reçois
Si yo am. are	Si yo tem. iere	Si yo recib. iere
– am. ares	– tem. ieres	– recib. ieres
– am. are	– tem. iere	– recib. iere
– am. aremos	– tem. ieremos	– recib. ieremos
– am. areis	– tem. iereis	– recib. iereis
– am. aren	– tem. ieren	– recib. ieren
si j'ai aimé	si j'ai craint	si j'ai reçu
si yo hubiere	si yo hubiere	si yo hubiere
– hubieres	– hubieres	– hubieres
– hubiere	– hubiere	– hubiere
– hubieremos	– hubieremos	– hubieremos
– hubiereis	– hubiereis	– hubiereis
– hubieren } amado	– hubieren } temido	– hubieren } recibido

Portugais.

Forme commune au Conditionnel présent et à l'imparfait du subjonctif.

j'aimerais ou	je défendrais ou	j'applaudirais
que j'aimasse.	que je défendisse	ou que j'applaudisse
am. ara	defend. era	applaud. ira
am. aras	defend. eras	applaud. iras
am. ara	defend. era	applaud. ira
am. aramos	defend. eramos	applaud. iramos
am. areis	defend. ereis	applaud. ireis
am. aram	defend. eram	applaud. iram

Subjonctif

Présent.

Que j'aime	que je défende	que j'applaudisse
que eu am-e	que eu defend-a	que eu applaud-a
– am. es	– defend. as	– applaud. as
– am. e	– defend. a	– applaud. a
– am. emos	– defend. âmos	– applaud. âmos
– am. eis	– defend. ais	– applaud. ais
– am. em	– defend. am	– applaud. am

Imparfait.

que j'aimasse	que je défendisse	que j'applaudisse
que eu amasse	que eu defendesse	que eu applaudisse
– am. asses	– defend. esses	– applaud. isses
– am. asse	– defend. esse	– applaud. isse
– am. assemos	– defend. essemos	– applaud. issemos
– am. asseis	– defend. esseis	– applaud. isseis
– am. assem	– defend. essem	– applaud. issem

Parfait.

Que j'aie aimé.	que j'aie défendu.	que j'aie applaudi.
que tenha	que tenha	que tenha
– tenhas	– tenhas	– tenhas
– tenha	– tenha	– tenha
– tenhamos	– tenhamos	– tenhamos
– tenhais	– tenhais	– tenhais
– tenham } amado	– tenham } defendido	– tenham } applaudido

Plus-que-Parfait.

que j'eusse aimé.	que j'eusse défendu	que j'eusse applaudi
tivesse	tivesse	tivesse
tivesses	tivesses	tivesses
tivesse	tivesse	tivesse
tivessemos	tivessemos	tivessemos
tivesseis	tivesseis	tivesseis
tivessem } amado	tivessem } defendido	tivessem } applaudido

Futur.

Quand j'aimerai	Quand je défendrai	Quand j'applaudirai
am. ar	defend. er	applaud. ir
am. ares	defend. eres	applaud. ires
am. ar	defend. er	applaud. ir
am. armos	defend. ermos	applaud. irmos
am. ardes	defend. erdes	applaud. irdes
am. arem	defend. erem	applaud. irem
Si j'ai aimé.	Si j'ai défendu.	Si j'ai applaudi.
Se eu tiver	Se eu tiver	Se eu tiver
– tiveres	– tiveres	– tiveres
– tiver	– tiver	– tiver
– tivermos	– tivermos	– tivermos
– tiverdes	– tiverdes	– tiverdes
– tiverem } amado	– tiverem } defendido	– tiverem } applaudido

человѣкъ, любящій правду, ненавидитъ ложь. L'homme (aimant) qui aime la vérité, déteste le mensonge. ‖ собака, бросающаяся на прохожихъ = Le chien (se jetant) qui se jette sur les passants. ‖ Рыкающій левъ, лающая собака, выражаютъ свои чувства. Le lion qui rugit, le chien qui aboie, expriment leurs sentiments. ‖ Море, волнуемое вѣтрами, устрашаетъ пловцовъ = La mer, (étant agitée) agitée par les vents, effraye les navigateurs. ‖ Дочь, любимая отцёмъ, старается заслуживать его любовь. La fille, (étant aimée) aimée de son père, cherche à mériter son amour. ‖ Служа отечеству и умирая за него, мы исполняемъ свой долгъ = En servant la Patrie et en mourant pour elle, nous remplissons notre devoir. ‖ Получивъ письмо ваше, и узнавъ, чего вы желаете, я немедленно отвѣчалъ = Ayant reçu votre lettre et ayant appris ce que vous désirez, j'ai répondu sur-le-champ. (V. en outre Verbes passifs).

Forme positive.

я васъ слушаю = je vous écoute.

Forme négative.

я васъ не понимаю = je ne vous comprends pas.

Forme interrogative.

понимаете-ли вы меня? me comprenez-vous?

Forme négative et interrogative.

не откажите мнѣ? ne me refusez pas?
развѣ онъ не придётъ? est-ce qu'il ne viendra pas?

Formation des verbes et leurs aspects.

Pour marquer les diverses nuances du présent, du futur et du passé la langue russe a eu recours à certains procédés de formation consistant dans l'emploi de préfixes, d'infixes ou de suffixes. De là les divers aspects verbaux.
1° L'aspect imperfectif qui indique que l'action est ou n'est pas complètement achevée, ou est en train de se faire, est rendu par le présent ou l'imparfait. Ex.
я разсказываю, je raconte, je suis en train de raconter.
я разсказывалъ... je racontais... (action encore inachevée).
2° l'aspect perfectif, qui montre que l'action est complètement finie, sera donc rendu par le Passé défini en français.
я разсказалъ, je racontai. | 3° l'aspect itératif, c.à.d. qui indique qu'une action se répète, ou a lieu plusieurs fois. | 4° l'aspect d'unité qui laisse voir que l'action n'a lieu qu'une fois. Voyons maintenant en quoi consiste l'emploi des
— Préfixes — Ils servent souvent à rendre le futur. Ex:

дѣлать faire	я дѣлаю,	je fais
	я сдѣлаю,	je ferai.
итти aller	я иду,	je vais
	я по-иду,	j'irai.

Nota. Les particules prépositives indiquent l'allongement de l'action, la continuité, par suite le futur.
— Infixes — L'intercalation d'une ou plusieurs syllabes entre le thème et la terminaison modifie l'aspect du verbe. Ainsi l'infixe а implique l'allongement de l'action. Ex: дать, donner — да-ва-ть, être en train de donner.
блудить, errer — блуждать, être en train d'errer, errer longuement. Nota. L'imparfait бывало ou былъ (de быть) est ajouté parfois aux verbes pour marquer un certain état habituel. Ex.
я бывало читалъ, je lisais (habituellement).
— Suffixes — Certaines terminaisons modifient également le sens des verbes. Par exemple: Les verbes en ывать, ивать indiquent la répétition de l'action. Soit.

Formation des verbes.

Les verbes sont ou primitifs, comme essen, manger; ou dérivés, comme wärmen, chauffer, de warm, chaud, ou composés; ceux-ci sont formés au moyen de préfixes, particules prépositives ou adverbiales, lesquels sont inséparables (c.à.d. font corps avec le verbe) ou séparables.

Les verbes à préfixes inséparables ne prennent pas l'augment ge au participe passé. Ex: vollenden, achever. Ich vollende et Ich habe vollendet (j'achève et j'ai achevé).

Les verbes à particules séparables rejettent leur particule à la fin de la proposition et intercalent l'augment ge entre la particule et le verbe (au participe passé). Ex:
einen Brief abschreiben, écrire une lettre; fait: Ich schreibe einen Brief ab et Ich habe einen Brief abgeschrieben (j'écris une lettre et j'ai écrit une lettre).

Enfin une dernière catégorie de verbes est formée de préfixes, tantôt séparables, tantôt inséparables. Ces préfixes sont au nombre de quatre; ce sont: durch, über, um et unter. Ex: übersetzen, traduire. Ich übersetze, je traduis. Ich habe übersetzt, j'ai traduit.

et

übersetzen, traverser
Ich setze über, je franchis.
Ich habe übergesetzt, j'ai traversé.
(V. Préfixes).

do not let him go. ne le laissez pas partir.

Forme interrogative.

do you understand me? me comprenez-vous?

Forme interrog. et négative

do not refuse me? ne me refusez pas?

Formation des verbes

Les verbes composés anglais se forment soit à l'aide d'un préfixe latin ou saxon inséparable, soit en faisant suivre le verbe simple d'une préposition ou d'un adverbe qui en modifient le sens primitif.

1° Particules inséparables

to form, former { to deform, déformer; to perform, accomplir; to transform, transformer
to come, venir. to become, devenir.
to bid, ordonner. to forbid, défendre
to stand {être debout, se tenir. to withstand, résister à.

2° Particules suivant le verbe.

to go, aller { to go in, entrer. / to go on, continuer. / to go out, sortir. / to go up, monter / to go down, descendre / to go through, traverser / to go away, s'en aller / to go back, reculer.
to send, envoyer { to send away, renvoyer / to send for, after, envoyer chercher.

Enfin, les verbes se combinent avec des substantifs ou adjectifs pour former des locutions très usitées, telles que to give way, donner place, céder

to make, faire { to make bold, se faire fort, prendre la liberté, oser. / to make merry (se faire gai), se divertir. / to make sure of, (se) faire sûr de, s'assurer de.
to get, obtenir { to get the better of, l'emporter sur / to get ready, (se) préparer / to get something done, faire faire quelque chose. / to get asleep, s'endormir. / to get clear, se débarrasser de / to get fat, engraisser. / to get loose, se dégager.
(V. Préfixes).

Italien.

m / oll' / n / ell'	amare
on / ol / n / ell'	credere
m / ol / n / el	servire

Passé

m-ato.	aimé
- ata	- ée
- ati	- és
- ate	- ées
ed-uto.	cru
- uta	- ue
- uti	- us
- ute	- ues
rv-ito.	servi
- ita	- ie
- iti	- is
- ite	- ies

Forme posit.
vi ascolto
je vous écoute.

Form. nég.
on vi capisco
ne vous compr. ds pas.

Form. inter.
mi capite?
ne comprenez-vous?
on ha forse apito?
st-ce qu'il n'a as compris?

Form. inter. nég.
on mi dite i no!
e me dites pas non.

Espagnol.

Impératif.

am-a	tem-e	recibe
aime	crains	reçois
que ame	que tema	que reciba
qu'il aime.	qu'il craigne	qu'il reçoive
am-emos	tem-amos	recibamos
aimons	craignons	recevons
am-ad	tem-ed	recib-id
aimez	craignez	recevez
que amen	que teman	que reciban
qu'ils aiment	qu'ils craignent	qu'ils reçoivent

Infinitif.

Présent

am-ar	tem-er.	recib-ir
aimer	craindre	recevoir.

Passé.

haber amado	haber temido.	haber recibido.
avoir aimé	avoir craint.	avoir reçu.

Participe

Présent

amando	temiendo	recib-iendo
aimant	craignant	recevant,

Passé.

am-ado	tem-ido	recib-ido.
aimé	craint	reçu.

Forme positive.
escucho á Vd.
je vous écoute.

Forme négative.
no le comprendo á Vd.
je ne vous comprends pas.

Forme interrogative.
¿me comprende Vd?
¿me comprenez-vous?

Forme interrogative et négat.ve
¿no me lo niegue Vd?
¿ne me le refusez pas?

Portugais.

Impératif.

am-a	defend-e	applaud-e
aime	défends	applaudis
que ame	que defenda	que applauda
qu'il aime	qu'il défende	qu'il applaudisse
am-êmos.	defend-amos,	applaudâmos
aimons	défendons	applaudissons
am-ai	defend-ei	applaud-i
aimez	défendez	applaudissez
que amem.	que defendam,	applaudam
qu'ils aiment	qu'ils défendent	qu'ils applaudissent

Infinitif.

Personnel.

Comme le futur du subjonctif. Ce temps personnel peut se traduire ainsi:
eu amar; moi aimer, mon amour.
(V. en outre Rem. (B) à la suite des verbes auxiliaires.

Impersonnel.

am-ar	defend-er	applaud-ir
aimer	défendre	applaudir.

Participe

Présent.

am-ando	defend-endo.	applaud-indo
aimant	défendant	applaudissant

Passé.

am-ado	defend-ido	applaud-ido
aimé	défendu.	applaudi.

Forme positive
agradeço-lhe.
je vous remercie.

Forme négative.
não tenho a honra de conhecê-lo
je n'ai pas l'honneur de vous connaître.

Forme interrogative.
comprehende-me?
me comprenez-vous?

Forme interrogative et négative.
não me negue?
ne me refusez pas?

гулять, se promener et гуливать, flâner (se promener ça et là). Ces terminaisons forment et
показывать } montrer – я показываю, je montre et я показывалъ, je montrais (asp. imp.)
показать } – я покажу. je montrerai et я показалъ, je montrai. (asp. parf.).
Les verbes en нуть indiquent une action qui ne se produit qu'une fois. Ex: онъ зѣвалъ, il baillait (asp. im

Voix ver-

Les participes passifs présents et passés des verbes russes, dans la désinence courte, étant joints au verbe auxiliaire быть, (être), représentent nos verbes passifs en français.

Ainsi de награждать, récompenser, награжда-емый, емая, емое, étant récompensé, награждё-нный, нная, нное, ayant été récompensé, on obtient les aspects imparfait [a] et parfait [b] du verbe passif être récompensé.

Présent.

Je suis récompensé.

я, ты, онъ	награжда-емъ [a]	я, ты, онъ	награждё-нъ [b]
она	d° -ема	она	d° -на
оно	d° -емо	оно	d° -но
мы, вы, они	d° -емы	мы, вы, они	d° -ны

Passé.

J'étais, je fus récompensé.

я, ты, онъ	былъ награжда-емъ [a]	я, ты, онъ	былъ награждё-нъ [b]
она, была	d° -ема	она, была	d° -на
оно, было	d° -емо	оно, было	d° -но
мы, вы, они	были d° -емы	мы, вы, они	были d° -ны

Futur.

Je serai récompensé.

я буду, ты будешь, онъ будетъ	награжда-емъ [a]	-дё-нъ [b]
она d°	d° -ема	-дё-на
оно d°	d° -емо	-дё-но
мы будемъ, вы будете, они будутъ	d° -емы	-дё-ны

Règle. Le participe passif s'accorde

Le verbe passif en allemand est formé de l'auxiliaire werden et du participe passé du verbe que l'on veut conjuguer passivement.

gelobt werden
être loué.

Indicatif.
Présent
Je suis loué, etc.
Ich werde gelobt
du wirst " etc.

Imparfait ou Prétérit.
J'étais ou je fus loué, etc.
Ich wurde ou ward gelobt
du wurdest ou wardst " etc.

Passé indéfini.
J'ai été loué, etc.
Ich bin gelobt worden,
du bist " " etc.

Plus-que-Parfait.
J'avais été loué, etc.
Ich war gelobt worden,
du warst " " etc.

Futur.
Je serai loué, etc.
Ich werde gelobt werden,
du wirst " " etc.

Futur antérieur.
J'aurai été loué, etc.
Ich werde gelobt worden sein,
du wirst " " " etc.

Conditionnel
Présent.
Je serais loué, etc.
Ich würde gelobt werden
du würdest " " etc.

Passé.
J'aurais été loué, etc.
Ich würde gelobt worden sein
du würdest " " " etc.

Subjonctif
Présent
Que je sois loué, etc.
Daß ich werde gelobt,
— du werdest " etc.
— er werde " .

La voix passive en anglais est formée de l'auxiliaire to be et du participe passé du verbe qui est conjugué passivement.

— to be called
être appelé.

Indicatif
Présent
Je suis appelé, etc.
I am, he is
we, you, they are } called

Imparfait ou Prétérit.
J'étais ou je fus appelé.
I was, he was,
we, you, they were } called

Passé indéfini.
J'ai été appelé, etc.
I have, he has
we, you, they have } been calle

Plus-que-Parfait.
J'avais été appelé, etc.
I had, he had
we, you, they had } been calle

Futur.
Je serai appelé, etc.
I shall, he will
we shall, you, they will } be calle

Futur antérieur.
J'aurai été appelé, etc.
I shall, he will
we shall, you, they will } have been called

Conditionnel
Présent
Je serais appelé, etc.
I should, he would
we should, you, they would } be called

Passé.
J'aurais été appelé, etc.
I should, he would
we should, you, they would } have been call

Subjonctif
Présent
Que je sois appelé, etc.
that I, he,
— we, you, } be called.
— they

(Suite).

particulier le présent et l'imparfait des verbes (aspect imparfait). Autre exemple : я приходил, je venais (asp. imp.) mais я пришёл, je vins (asp. parf.)

Les verbes en нуть indiquent une action achevée. Ex : приходить / прийти } venir.

он зевнул, il bâilla (asp. d'unité).

[Voix ver]bale passive.

Le verbe être (essere, ser et ser) est employé pour former la voix passive conjointement avec le participe passé du verbe conjugué passivement.

essere amato, être aimé.	ser amado, être aimé.	ser amado, être aimé.
Indicatif	**Indicatif**	**Indicatif**
Présent — je suis aimé, etc. sono, sei, è amato - ta siamo, siete, sono amati - te	*Présent* — je suis aimé, etc. soy, eres, es amado - da somos, sois, son amados - das	*Présent* — je suis aimé, etc. sou, és, é amado - da sômos, sois, são amados - das.
Imparfait — j'étais aimé, ée, és, ées. era, eri, era amato, ta eravamo, eravate, erano amati	*Imparfait* — j'étais aimé, ée, és, ées. era, eras, era amado, da. éramos, erais, eran amados, das	*Imparfait* — j'étais aimé, ée, és, ées. era, eras, era amado, da eramos, ereis, eram amados, das.
Passé défini — je fus aimé, etc. fui, fosti, fu amato - ta fummo, foste, furono amati - te	*Passé défini* — je fus aimé, etc. fui, fuiste, fué amado, da. fuimos, fuisteis, fueron amados	*Passé défini* — je fus aimé, etc. fui, foste, foi amado, da fomos, fostes, foram amados, das.
Passé indéfini — j'ai été aimé, etc. sono, sei, è stato amato, sta ta am ata siamo, siete, sono stati, e, amati, te	*Passé indéfini* — j'ai été aimé, etc. he, has, ha sido amado, da hemos, habeis, han sido amados	*Passé indéfini* — j'ai été aimé, etc. tenho, tens, tem sido amado, da temos, tendes, tem sido amados, das
Passé antérieur — j'eus été aimé, etc. fui, fosti, fu stato, a, amato, ta. fummo, foste, furono stati, e, amati - te	*Passé antérieur* — j'eus été aimé, etc. hube, hubiste, hubo sido amado. hubimos, hubisteis, hubieron sido amados.	*Passé antérieur* — j'eus été aimé, etc. tive, tiveste, teve sido amado, da tivemos, tivestes, tiveram sido amados.
Plus-que-Parfait — j'avais été aimé, etc. era, eri, era stato, ta, amato, ta. eravamo, eravate, erano stati amati.	*Plus-que-Parfait* — j'avais été aimé, etc. habia, habias, habia sido amado. habiamos, habiais, habian sido amados	*Plus-que-Parfait* — j'avais été aimé, etc. tinha, tinhas, tinha sido amado tinhamos, tinheis, tinham sido amados.
Futur — je serai aimé, etc. sarò, sarai, sarà amato, ta, saremo, sarete, saranno amati, te.	**Futur** — je serai aimé, etc. seré, serás, será amado, da. seremos, sereis, serán amados.	**Futur** — je serai aimé, etc. serei, serás, será amado, da seremos, sereis, serão amados, das.
Futur antérieur — j'aurai été aimé, etc. sarò, sarai, sarà stato, a, amato, ta. saremo, sarete, saranno stati, e, amati.	*Futur antérieur* — j'aurai été aimé, etc. habré, habrás, habrá sido amado habremos, habreis, habrán sido amados, das.	*Futur antérieur* — j'aurai été aimé, etc. terei, terás, terá sido amado, da, teremos, tereis, terão sido amados.
Conditionnel	**Conditionnel**	**Conditionnel**
Présent — je serais aimé, etc. sarei, saresti, sarebbe stato amato. saremmo, sareste, sarebbero stati amati.	*Présent* — je serais aimé, etc. seria, serias, seria amado, da. seriamos, seriais, serian amados.	*Présent* — je serais aimé, etc. seria, serias, seria amado, da seriamos, serieis, seriam amados.
Passé — j'aurais été aimé, etc. sarei, saresti, sarebbe stato amato saremmo, sareste, sarebbero stati amati, state amate.	*Passé* — j'aurais été aimé, etc. habria, habrias, habria sido amado. habriamos, habriais, habrian sido amados, amadas.	*Passé* — j'aurais été aimé, etc. teria, terias, teria sido amado teriamos, terieis, teriam sido amados, amadas.

Russe

en genre et en nombre avec son sujet. Ex.

ты любимъ всѣми
tu es aimé de tout le monde.

Россія обитаема многими народами.
La Russie est habitée par plusieurs peuples.

Москва была разорена и сожжена врагами.
Moscou fut dévasté et brûlé par les ennemis.

они воспитаны на казённый счетъ.
Ils furent élevés au compte de l'Etat.

Это ружьё заряжено (neutre)
Ce fusil (est) chargé.

Rem. La forme passive est aussi rendue par la forme réfléchie. Ex:

Домъ строится.
(la maison se construit, c. à. d. on est occupé à la bâtir) soit donc:
La maison est construite,

ou encore on emploie la voix active:

меня ждутъ въ театрѣ.
(ils, les gens m'attendent au théâtre) soit:
Je suis attendu au théâtre.

Allemand

Imparfait

que je fusse loué, etc.
Daß ich würde gelobt
— du würdest " etc.

Parfait

que j'aie été loué, etc.
Daß ich sei gelobt worden
— du seist "

Plus-que-Parfait.

que j'eusse été loué, etc.
Daß ich wäre gelobt worden
— du wärest " "

Impératif.

werde (sei) gelobt, sois loué
werde er gelobt, qu'il soit loué
werden wir gelobt, soyons loués.
werdet (seid) gelobt, soyez loués.
werden sie gelobt, qu'ils soient loués.

Infinitif.

Présent
gelobt werden, être loué.

Passé
gelobt worden sein, avoir été loué.

Participe.

Présent
gelobt werdend, étant loué.

Passé.
gelobt worden seiend, ayant été loué.

Rem — I. werden employé comme auxiliaire s'écrit au part. passé: worden au lieu de geworden.

II. Il y a une nuance à établir entre sein et werden. Ex:

Das Haus ist gebaut.
La maison est bâtie. (elle est bâtie entièrt, finie tout-à-fait), et
Das Haus wird gebaut,
La maison est bâtie (ou plutôt on la bâtit, on est en train de la construire)

III. Le verbe passif est généralt suivi des prépositions von, de, et durch par. Ex:

von seinem Vater geliebt.
aimé de son père.
durch einen Kanonenschuß getötet,
tué par un coup de canon.

Anglais

Imparfait.

que je fusse appelé, etc.
that I, he,
— we, you, they } were called

Parfait.

que j'aie été appelé, etc.
that I, he
— we you, they } have been called.

Plus-que-Parfait,

que j'eusse été appelé, etc.
that I, he,
— we, you, they } had been called.

Impératif

be called, sois appelé
let him / — her / it } be called { qu'il, qu'elle soit appelé, e
let us be called, soyons appelés.
be called, soyez appelés.
let them be called, qu'ils soient appelés.

Infinitif

Présent
to be called, être appelé.

Passé
to have been called, avoir été appelé.

Participe

Présent
being called, étant appelé.

Passé.
having been called, ayant été appelé.

Italien.

Subjonctif
Présent
que je sois aimé, etc.
he sia, sii, sia amato, ta
- siamo, siate, siano amati, te.

Imparfait
que je fusse aimé, etc.
he fossi, fossi, fosse amato, ta
- fossimo, foste, fossero amati - te

Parfait
que j'aie été aimé, etc.
he sia, sii, sia stato, ta, amato, ta
- siamo, siate, siano stati amati

Plus-que-Parfait.
que j'eusse été aimé, etc.
he fossi, fossi, fosse stato, ta amato, ta
- fossimo, foste, fossero stati amati.

Impératif.
sii amato, ta, sois aimé, ée.
siamo amati, te, soyons aimés, ées
siate amati, te, soyez aimés, ées.

Infinitif
Présent
essere amato, ta, ti, te, être aimé, ée, és, ées.

Passé.
ssere stato, ti, amato, ti, avoir été aimé, és.

Participe
Présent
ssendo amato, ti, étant aimé, és.

Passé.
ssendo stato, ta, amato, ta,
ayant été aimé, ée.
essendo stati, te, amati, te.
ayant été aimés, ées.

Rem. Le verbe passif est généralement suivi de la préposition da. Ex:
Voi eravate biasimati da tutti, da ognuno.
Vous étiez blamés de tout le monde.
Ella è stimata da tutti.
Elle est estimée de tout le monde.

Espagnol.

Subjonctif
Présent
que je sois aimé, etc.
que sea, seas, sea amado, da.
- seamos, seais, sean amados, das.

Imparfait
que je fusse aimé, etc.
que fuese, fueses, fuese amado, da.
- fuesemos, fueseis, fuesen amados - das.

Parfait
que j'aie été aimé, etc.
que haya, hayas, haya sido amado - da.
- hayamos, hayais, hayan sido amados - das.

Plus-que-Parfait.
que j'eusse été aimé, etc.
que hubiese, hubieses, hubiese sido amado - da
- hubiesemos, hubieseis, hubiesen sido amados - das.

Impératif
Sé amado, da, sois aimé, ée
seamos amados, das, soyons aimés, ées
Sed amados, das, soyez aimés, ées.

Infinitif
Présent.
ser amado, da, dos, das, être aimé, ée, és, ées.

Passé.
haber sido amado, avoir été aimé.

Participe
Présent
siendo amado, da étant aimé, ée.

Passé.
habiendo sido amado,
ayant été aimé.

Rem. On peut tourner la voix passive par la forme active. Ex:
Me esperan en el teatro.
(Ils) m'attendent au théâtre), soit: je suis attendu au théâtre.

Portugais.

Subjonctif
Présent.
que je sois aimé, etc.
que seja, sejas, seja amado, da
- sejamos, sejais, sejam amados, das.

Imparfait
que je fusse aimé, etc.
que fosse, fosses, fosse amado, da.
- fossemos, fosseis, fossem amados, das.

Parfait.
que j'aie été aimé, etc.
que tenha, tenhas, tenha sido amado
- tenhamos, tenhais, tenham sido amados

Plus-que-Parfait.
que j'eusse été aimé, etc.
que tivesse, tivesses, tivesse sido amado
- tivessemos, tivesseis, tivessem sido amados.

Impératif.
sê amado, sois aimé
sejâmos amados, soyons aimés
sêde amados, soyez aimés.

Infinitif
Présent.
ser amado, être aimé.

Passé
ter sido amado, avoir été aimé.

Participe
Présent
sendo amado, étant aimé.

Passé.
tendo sido amado,
ayant été aimé.

Rem. On peut encore rendre la voix passive par l'emploi du pronom se aux 3mes personnes. Ex:
concerta-se o telhado (on répare le toit) Le toit est réparé.
concertam-se os telhados (on répare les toits) Les toits sont réparés.
concertou-se o telhado.
concertaram-se os telhados } Le toit, les toits furent réparés.

Russe.

On donne, en général, aux verbes russes la forme pronominale en les faisant suivre du pronom réfléchi ся, contraction de себя, se, soi.

Les verbes pronominaux se conjuguent exactement sur le modèle des verbes actifs et neutres.

Ex :

ошибаться, se tromper.

Indicatif

Présent

Je me trompe, etc.

я ошибаюсь
ты ошибаешься
онъ ошибается
мы ошибаемся
вы ошибаетесь
они ошибаются

скрыться, se cacher, se réfugier

Parfait.

я скрылся, je me réfugiai
онъ скрылся, il se réfugia, etc. etc.

прекрасно страдать не жалуясь :
il est beau de souffrir sans se plaindre.

Remarquer ici que l'infinitif français est rendu en russe par le gérondif ; mot à mot : il est beau de souffrir en ne se plaignant pas.

Nota - Bon nombre de verbes russes sont équivalents à nos verbes français. Ex :

вспоминать, se souvenir.
я вспоминалъ о его милостяхъ.
je me souvenais de ses bontés.
мы вспоминали объ этомъ событии
nous nous souvenions de cet événement.

Par contre certains verbes russes bien que suivis du pronom réfléchi ся, se rendent par des verbes actifs ou neutres en français. Ex :
бояться, craindre, avoir peur.

Allemand.

Le verbe réfléchi en allemand se conjugue comme le verbe pronominal en français, c. à d. à l'aide de deux pronoms dont l'un est sujet et l'autre complément.

Sich freuen, se réjouir.

Indicatif

Présent.

Ich freue mich, je me réjouis,
du freust dich, etc. tu te réjouis, etc.

Imparfait

Ich freute mich, je me réjouissais
du freutest dich, tu te réjouissais,

Passé indéfini

Ich habe mich gefreut, je me suis réjoui.
du hast dich gefreut, tu t'es réjoui, etc.

Passé indéfini

Je m'étais réjoui, etc.
Ich hatte mich gefreut
du hattest dich "

Futur.

Je me réjouirai, etc.
Ich werde mich freuen
du wirst dich "

Futur antérieur.

Je me serai réjoui, etc.
Ich werde mich gefreut haben
du wirst dich " "

Conditionnel.

Présent.

Je me réjouirais
Ich würde mich freuen
du würdest dich "

Passé.

Je me serais réjoui.
Ich würde mich gefreut haben
du würdest dich " "

Subjonctif.

Présent.

Que je me réjouisse
(Daß) ich freue mich
- du freuest dich,

Imparfait.

Que je me réjouisse.
Ich freute mich
du freutest dich.

Parfait.

Que je me sois réjoui.
(Daß) ich habe mich gefreut
- du habest dich "

Plus-que-Parfait

Anglais.

Voix pronomi-

On conjugue le verbe pronominalement en se servant du pronom réfléchi qui correspondant à chaque personne.

to dress one's self, s'habiller

1° Indicatif.

Présent.

Je m'habille, etc.

I dress myself	We dress ourse-
thou dressest thyself	you dress your-
he dresses himself	they dress them-

Parfait défini

I dressed myself, je m'habillai.

Parfait indéfini.

I have dressed myself, je me suis habillé

Plus-que-Parfait.

I had dressed myself, je m'étais habillé

Futur.

I shall dress myself, je m'habillerai.

Futur antérieur.

Je me serai habillé.
I shall have dressed myself

Conditionnel.

Présent.

I should dress myself, je m'habiller-

Passé.

I should have dressed myself,
je me serais habillé.

Subjonctif.

Présent.

though I dress myself, quoique je m'h-

Imparfait.

though I dressed myself, q. je m'habillas-

Parfait

that I have dressed myself.
que je me sois habillé.

Plus-que-Parfait.

that I had dressed myself.
que je me fusse habillé.

Impératif.

dress thyself, etc. habille-toi, etc.

Participe Présent.

dressing one's self, s'habillant.

2° Verbes réfléchis en français mais actifs ou neutres en anglais. Ex :
to remember,
se souvenir de -

...rale ou réfléchie.

Italien.

...e verbe forme sa voix réfléchie ...ec deux pronoms de la même per...nne.

...Rallegrarsi, se réjouir.

Indicatif

Présent.

Je me réjouis, etc.

...o mi rallegro | noi ci rallegriamo
...i ti rallegri | voi vi rallegrate
...li si rallegra | eglino si rallegrano

Imparfait.

je me réjouissais

...i rallegrava, ti rallegravi, etc

Passé défini.

je me réjouis, etc.

...mi rallegrai, etc.

Passé indéfini.

je me suis réjoui, e, etc

...ni sono rallegrato, ta, etc.

Plus-que-Parfait.

je m'étais réjoui, etc.

...io mi era rallegrato, etc.,

Parfait antérieur.

je me fus réjoui, etc.

...mi fui rallegrato, etc.

Futur.

je me réjouirai.

...io mi rallegrero, etc,

Futur antérieur.

je me serai réjoui.

...io mi saro rallegrato, etc.

Conditionnel

Présent.

je me réjouirais

...io mi rallegrerei, etc

Passé

je me serais réjoui.

...io mi sarei rallegrato,

Subjonctif

Présent

Que je me réjouisse.

ch'io mi rallegri, etc

Imparfait

Que je me réjouisse.

ch'io mi rallegrassi, etc.

Parfait

Que je me sois réjoui.

ch'io mi sia rallegrato.

Plus-que-Parfait

que je me fusse réjoui.

Espagnol.

Le verbe pronominal se conjugue avec deux pronoms de la même personne.

Alegrarse, se réjouir.

Indicatif

Présent.

Je me réjouis, etc.

yo me alegro | nos. nos alegramos,
tu te alegras | Vosos. os alegrais.
el se alegra | Ellos se alegran.

ou encore: alegrome, etc.

Imparfait.

je me réjouissais.

me alegraba ou alegrabame,

Passé défini

je me réjouis, etc

me alegré ou alegreme, etc.

Passé indéfini.

je me suis réjoui, etc.

me he alegrado, etc.

Plus-que-Parfait.

je m'étais réjoui, etc

yo me habia alegrado, etc.

Parfait antérieur

je me fus réjoui, etc.

me hube alegrado, etc.

Futur.

je me réjouirai.

yo me alegraré, etc.

Futur antérieur.

je me serai réjoui.

me habré alegrado, etc.

Conditionnel.

Présent.

je me réjouirais

yo me alegraria, etc.

Passé.

je me serais réjoui.

yo me habria alegrado,

Subjonctif.

Présent

Que je me réjouisse.

que yo me alegre, etc.

Imparfait

Que je me réjouisse.

que yo me alegrase ou alegrara.

Parfait.

Que je me sois réjoui.

que yo me haya alegrado.

Plus-que-Parfait.

Que je me fusse réjoui.

Portugais.

Les verbes réfléchis se forment avec deux pronoms de la même personne.

Lembrar-se, se souvenir.

Indicatif.

Présent.

je me souviens, etc.

eu me lembro | nos nos lembrâmos
tu te lembras | vos vos lembrais
el se lembra | elles se lembrão.

ou encore: lembro-me, etc.

Imparfait.

je me souvenais, etc.

Lembrava-me ou me lembrava

Passé défini.

je me souvins, etc.

Lembrei-me ou me lembrei, etc.

Passé indéfini.

je me suis souvenu, etc.

eu me tenho lembrado, etc.

Plus-que-Parfait

je m'étais souvenu, etc.

eu me tinha lembrado,

Parfait antérieur.

je me fus souvenu, etc.

eu me tive lembrado, etc.

Futur.

je me souviendrai.

Lembrarei-me ou me lembrarei ou lembrar-me-hei.

Futur antérieur.

je me serai souvenu.

eu me terei ou ter-me-hei lembrado

Conditionnel.

Présent.

je me souviendrais.

eu me lembraria ou lembrar-me-hia

Passé.

je me serais souvenu.

eu me teria ou ter-me-hia lembrado

Subjonctif.

Présent.

Que je me souvienne, etc.

que eu me lembre, etc

Imparfait.

Que je me souvinsse.

Que eu me lembrâsse, etc

Parfait.

Que je me sois souvenu.

que me tenha lembrado, etc

Plus-que-Parfait.

que je me fusse souvenu.

Russe

Я боюсь, что онъ придётъ,
Je crains qu'il ne vienne.
дожидáться, attendre.
не дожидайтесь меня,
ne m'attendez pas.
Я долженъ здѣсь дождáться его,
Je dois attendre ici son arrivée.
Я дожидáюсь конца этого дѣла,
j'attends la fin de cette affaire.

Allemand

Que je me fusse réjoui, etc.
Ich hätte mich gefreut.
Du hättest dich gefreut, etc.

Impératif

Freue dich, réjouis-toi
Freuen wir uns, réjouissons-nous.
Freuet euch, réjouissez-vous.

Infinitif

Présent.
sich freuen, se réjouir.
Passé
sich gefreut haben, s'être réjoui.

Participe

Présent
sich freuend, se réjouissant.
Passé
sich gefreut habend, s'étant réjoui.

Anglais

I remembered his kindness
je me souvenais de ses bontés.
to use, se servir de
they use the right hand.
Ils se servent de la main droite.
I mistake, je me trompe
I strive, je m'efforce.

3° Verbes réciproques, demandant après eux each other ou one another. Ex:
you help each other ou one another, vous vous aidez.
we help each other ou one another, nous nous aidons.
they help each other ou one another, Ils s'aident (s'entraident)
etc, etc.

Verbes

La forme impersonnelle en russe se rend de diverses manières, tantôt on emprunte certains adverbes, tantôt on se sert de tours idiomatiques particuliers. Ex:
холодно, froidement.
здѣсь очень холодно,
Il fait bien froid ici.
тепло, chaudement.
Въ комнатѣ тепло.
Il fait chaud (doux) dans cette chambre.
на дворѣ свѣтло, il fait clair dehors.
туманно, il fait du brouillard.
морозно, il gèle, il fait bien froid.
Громъ гремитъ, (le tonnerre fait du bruit), il tonne.
Du verbe идти, aller, marcher, on a composé les locutions:
снѣгъ идётъ, il neige.
Дождь идётъ, il pleut.
Градъ идётъ, il grêle.
много грязи, il fait bien de la boue
etc.

Voici quelques verbes impersonnels all.
es regnet, il pleut.
es donnert, il tonne.
es blitzt, il éclaire.
es friert, il gèle.
es hagelt, il grêle.
es schneit, etc. il neige, etc.

regnen, pleuvoir.
es regnet, il pleut
es regnete, il pleuvait
es hat geregnet, il a plu.
es hatte geregnet, il avait plu.
es wird regnen, il pleuvra.
es würde regnen, il pleuvrait.
regnend, pleuvant.

Suivent quelques verbes impersonnels
it rains, il pleut.
it hails, il grêle.
it snows, il neige
it freezes, il gèle.
it thaws, il dégèle.
it thunders, il tonne
it lightens, il fait des éclairs.

to rain, pleuvoir.
it rains, il pleut.
it rained, il pleuvait.
it has rained, il a plu.
it had rained, il avait plu.
it will rain, il pleuvra
it would rain, il pleuvrait.
raining, pleuvant.

Quelques locutions

faillir.
онъ почти что задохся,
il a failli périr étouffé.
devenir.
что сдѣлалось съ ними?
que sont elles devenues?
онъ дѣлается искуснымъ.
il devient habile.
venir de
онъ только что видѣлъ это.

Ich komme davon.
J'en viens.
Sprechen wir nicht mehr davon.
n'en parlons plus.
Ich habe nicht daran gedacht
je n'y ai pas pensé.
Ich bitte Dir um Brod.
du pain, je vous prie.
Ich denke an Dir.
je pense à vous.

il y a.
there is a man, (là, est un homme)
there are two strangers,
il y a deux étrangers.
there were three horses
il y avait trois chevaux.
it is four hours since....
il y a quatre heures que...
What is the matter? Qu'il y a-t-il?
there is nothing the matter.
Il n'y a rien.

Italien.	Espagnol.	Portugais.
ch'io mi fossi rallegrato.	que yo me hubiese alegrado.	que me tivesse lembrado.
	Futur.	Futur.
	Si je me réjouirai, etc.	Quand ou si je me souviendrai.
	Se yo me alegrare, etc.	Se ou quando eu me lembrar.
Impératif	Impératif	Impératif.
rallégrati, réjouis-toi.	alegrate, réjouis-toi.	lembra-te, souviens-toi.
non ti rallegrare, ne te réjouis pas.	alegrémonos, réjouissons-nous	lembrémo-nos, souvenons-nous
rallegriamoci, réjouissons-nous	alegraos, réjouissez-vous	lembrai-vos, souvenez-vous.
rallegratevi, réjouissez-vous.		
Participe.	Participe.	Participe
Présent.	Présent	Présent
rallegrandosi, se réjouissant.	alegrandose, se réjouissant.	lembrando-se, se souvenant.
Passé.	Passé.	Passé.
essendosi rallegrato, ta, ti, te	habiendose alegrado.	tendo-se lembrado,
s'étant réjoui, ie, is, ies.	s'étant réjoui.	s'étant souvenu.

impersonnels.

Principaux verbes impersonnels.	Verbes impersonnels espagnols:	neva ou esta a nevar, il neige.
Piove, il pleut.	amanecer, commencer à faire jour.	nevou ou cahiu neve, il a neigé.
è ou ha piovuto, il a plu.	anochecer, commencer à faire nuit.	gea ou esta a gelar, il gèle.
nevica, il neige	llover, pleuvoir.	gelou, il a gelé.
nevicava, il neigeait.	nevar, neiger.	cahe pedra, il grêle.
ha nevicato, il a neigé.	tronar, tonner.	fuzila ou
tuona, il tonne	granizar, grêler.	esta a fazer relampagos, il éclaire.
grandina, il grêle.	helar, geler.	esta a trovejar ou / esta a fazer trovões } il tonne.
gela, il gèle.	relampaguear, faire des éclairs.	
lampéggia, il fait des éclairs.		
fa caldo, il fait chaud — fa freddo,	Llover, pleuvoir.	chover, pleuvoir — trovejar, tonner.
il fait froid — fa vento, il fait du vent.	llueve, il pleut,	chove, il pleut. — troveja il tonne
fa polvere, il fait de la poussière —	llovia, il pleuvait.	chovia, il pleuvait — trovejava, il tonnait.
fa fango, il fait de la boue, etc —	llovió il plut.	choveu, il plut — trovejou, il tonna.
conviene, il convient — basta,	llovera, il pleuvra.	tem chovido, il a... — trovejara, il tonnera
il suffit — piace, il plaît, etc —	lloveria il pleuvrait.	vae chover, il va... — trovejaria, il tonnerait
	lloviendo, pleuvant.	acontece - tecerá, il arrive, arrivera.

idiomatiques.

il y a.	aimer.	eu é, c'est moi. — tu é, c'est toi.
vi è, c'è, vi sono, ci sono, il y a	amar à sus padres,	elle é, c'est lui. — ella é, c'est elle
v'era, v'erano, c'erano, il y avait	aimer ses parents.	nos é, c'est nous. — vos é, c'est vous.
vi fu, vi furono, etc il y eu, etc.	ser aficionado à la caza.	Il y a.
ve n'è, ve, ce ne sono, il y en a.	aimer la chasse.	hà um homem, il y a un homme
ve, ce n'era, ve n'erano, il y en avait	quiero mucho à mis amigos	hà homens, il y a des hommes.
è un anno, il y a un an.	j'aime beaucoup mes amis.	Quanto hà de Paris à Lisboa
sono cinque settimane,	me gusta jugar,	Combien y a-t-il de Paris à Lisbonne.
il y a cinq semaines.	j'aime à jouer.	hà là d'isso, il y en a.
ciò accadde due anni fa.	Jouer.	não hà là d'isso, il n'y en a pas
Cela arriva il y a deux ans.	tocar el piano, jouer du piano.	hà là d'isso? y en a-t-il?

Il vient de le voir.
faire faire connaissance de
Я хочу васъ съ нимъ познакомить.
Je vous ferai faire connaissance avec lui.
se proposer.
Что намѣреваетесь вы дѣлать?
Que vous proposez-vous de faire?
douter de
развѣ вы въ этомъ сомнѣваетесь?
En doutez-vous?
se plaindre de.
О чемъ жалуетесь вы?
De quoi vous plaignez-vous?
concerner, regarder.
это касается васъ.
cela vous concerne.
это моё дѣло, c'est mon affaire.
что это вамъ дѣлаетъ?
Q. que cela vous fait?
en vouloir à
на кого сердитесь вы?
A qui en voulez-vous?
valoir la peine de
стоитъ ли труда изгибаться передъ нимъ?
Cela vaut-il la peine de lui faire la cour?
être accoutumé à
вы къ этому привыкли.
vous y êtes accoutumé.
avoir besoin de.
Я нуждаюсь въ деньгахъ.
J'ai besoin d'argent.
tout dépend de
Все зависитъ отъ васъ
tout dépend de vous.

er starb vor Hunger.
il mourut de faim.
Ich zweifle an seiner Genesung
je doute de sa guérison.
er ist eben angekommen.
il vient d'arriver.
es ist erst drei Uhr.
il n'est que trois heures.
faire faire
Ich werde es machen lassen.
je le ferai faire.
Laßt diesem Kind ein wenig Wein trinken. Faites boire à cet enfant un peu de vin.
venir de.
Ich habe ihn soeben gesehen.
je viens de le voir.
faire semblant de
er stellt sich krank, ou als ob er krank wäre, il fait semblant d'être malade.
er thut, als sähe er mich nicht.
il fait même semblant de ne pas me voir.
être d'accord
Sie sind alle einig, ils sont tous d'accord.
devenir.
Was soll aus ihnen werden?
Qu'allez-vous devenir?
aller à
Ich gehe nach Deutschland.
Je vais en Allemagne.
venir de.
Sie kommen aus der Stadt.
ils viennent de la ville.
Ich wohne auf dem Lande,
J'habite la campagne
Ich gehe auf das Land.
Je vais à la campagne.

What will become of us?
que deviendrons-nous?
(Devoir. falloir.
he owes me a hundred francs
il me doit cent francs.
you ought to pay her a visit.
vous devriez lui faire une visite.
you must hear me. (vous devez m'entendre), il faut que vous m'entendiez.
I am to write immediately.
Je dois écrire sur-le-champ.
We have to read this book before we leave, nous devons lire ce livre avant de partir.
se mettre à.
I am going to write a letter.
Je vais écrire une lettre.
venir de.
my father has just arrived.
mon père vient d'arriver.
faire, faire faire.
to make a bargain, faire un marché
to do good, faire le bien.
She makes me laugh,
il me fait rire.
I shall have a new house built.
Je ferai bâtir une nouvelle maison
I have had my books bound.
J'ai fait relier mes livres.
it is cold, il fait froid.
it is moon-light, il fait clair de lune.
aimer.
he loves his sister.
il aime sa sœur.
I like wine, j'aime le vin.
I am fond of play,
j'aime le jeu (à jouer).
If I were to say, si je disais.
you will dine with us, will you not? vous dînez avec nous, n'est-ce pas?

Verbes

Russe.

идти ou итти, aller, marcher.

Indicatif

Présent.

Je vais, etc.

я иду
ты идёшь
онъ идётъ
мы идёмъ
вы идёте
они идутъ.

Allemand

sprechen, parler.

Indicatif

Présent.

Je parle, etc.

Ich spreche.
du sprichst.
er spricht.
wir sprechen.
ihr sprecht.
Sie sprechen.

Anglais.

to do, faire, agir.

Indicatif

Présent.

Je fais, etc.

I do
thou dost
he does
we, you, they do.

son io, c'est moi | sei tu, c'est toi
è lui, c'est lui | siamo noi, c'est nous
| siete voi, c'est vous | sono eglino, ce sont eux –
ella voleva veder voi.
c'est vous qu'elle voulait voir.
C'est à moi de.
tocca (ou sta) a me parlare.
c'est à moi de parler.
être sur le point de.
eravamo per uscire.
nous étions sur le point de sortir.
être en train de.
Io stava studiando, leggendo.
j'étais en train d'étudier, de lire.
Avoir à, être à.
ho da ringraziarvi.
j'ai à vous remercier.
questo cavallino è da vendere.
Ce poulain est à vendre.
mia sorella è a ricamare.
ma sœur brode (en ce moment).
ritorno a dire; je vous répète.
Se io fossi in voi, in lui.
si j'étais à votre, à sa place.
Quanti anni ha? } Quel âge
Che età Ella? } avez-vous?
bisogna lavore, il faut travailler.
mi piace la musica,
j'aime la musique.
mi dolgono i piedi.
j'ai mal aux pieds.
me la pagherà, il me le paiera.
questo non mi riguarda.
Cela ne me regarde pas.
sonare il violino, il piano-forte
jouer du violon, du piano.
Guardatevi dal mentire.
gardez-vous de mentir.
portar odio ad uno ou averla con uno, en vouloir à quelqu'un.

tocar la flauta, jouer de la flute.
falloir, avoir à.
es menester, es preciso, es necesario, il faut. deber, tener que.
Ex: es menester trabajar,
il faut travailler.
tengo que á escribir,
j'ai à écrire.
venir de: acabar.
acabo de leer, je viens de lire.
se mettre à. dar á.
el niño dió á reir.
l'enfant se mit à rire.
faire faire = hacer hacer.
se hizo hacer un vestido
il se fit faire un habit.
mandó fusilar al soldado
il fit fusiller le soldat.

---

voy á mandar mi criada á casa de Vd.
je vais envoyer ma servante chez vous.
Se mettre à, Ponerse á.
se puso á hablar,
il se mit à parler.
être sur le point de: estar para
estaba para decirle
j'étais sur le point de lui dire;
n'avoir que.
no tengo sino diez francos
no tengo mas que " "
ou solo tengo " "
je n'ai que dix francs.
Volver (comme tornare en Ital.) indique la répétition. Ex:
vuelvo á decir á su hermano de Vd. je répète à votre frère.
Faillir.
Por poco (ou casi) no hubiera venido; j'ai failli ne pas venir.

il faut.
é preciso (ou necessario) que eu ou hei de fazer.
il faut que je.
être sur le point de.
estou para ir-me de Paris.
je me propose de quitter Paris.
Devenir.
que ha de ser do senhor?
qu'allez-vous devenir?
Si j'étais à votre place.
Se eu fosse a vos:
Avoir mal à.
Dóe-me a perna.
La jambe me fait mal.
meta-se com o que lhe toca
mêlez-vous de vos affaires.
andar sempre atraz de alguem
être après quelqu'un.
Dever a alguem muito poucos favores: avoir obligation à quelqu'un
estar resentido, avoir sur le cœur.
ter o seu cargo, avoir sur les bras.
ser duro de cabeça, avoir la tête dure.
ser curto da vista, avoir la vue basse.
ter garbo, avoir bonne grâce
ter cara de saude, avoir bon visage
ter bom olfato, avoir bon nez.
enojar-se facilmente, avoir la tête près du bonnet.
ser reprehendido, avoir sur les doigts.
ser leve dos cascos, avoir la tête légère.
saber de memoria ou de cór.
apprendre par cœur
Cousa que não sôa bem, quelque chose qui détonne.
estar em terra de amigos,
être en pays de connaissance.
estar em idade de razão.
être en âge de connaissance.
fazer cara a alguem.
montrer les dents, etc, etc.

Italien. — Espagnol. — Portugais.

irréguliers.

andare, aller.
Indicatif
Présent.
je vais, etc.
Io vado ou vo
tu vai
egli va
noi andiamo
voi andate
eglino vanno.

ir, aller.
Indicatif
Présent.
je vais, etc.
Yo voy
tu vas
el ou ella va
nosotros - tras vamos
vosotros - tras vais
ellos, ellas, van.

dizer, dire.
Indicatif
Présent.
je dis, etc.
eu digo
tu dizes
elle, ella, diz
nos dizemos
vos dizeis
elles, ellas, dizem.

Prétérit.

j'allai, etc.

я, ты, онъ } шёлъ (m.
она шла (f.
оно шло (n.
мы, вы, они } шли

Impératif.

иди, va
идите, allez.

Infinitif.

V. en-tête.

Participes et Gérondifs.

идущій, идущая, идущее } allant.
идучи, en allant.
шедъ, шедшій } étant allé.

Prétérit

Je parlais ou parlai.

Ich sprach
du sprachst
er sprach
wir sprachen
ihr spracht
sie sprachen

Subjonctif.

Imparfait

Que je parlasse, etc.

(Daß) ich spräche
– du sprächest
– er spräche
– wir sprächen
– ihr sprächet
– sie sprächen.

Impératif.

sprich, parle.
sprecht, parlez.

Participe passé.

gesprochen, parlé.

Nota. Nous ne mentionnons ici que les temps irréguliers; les autres temps étant conformes à ceux de la conjugaison des verbes réguliers.

Prétérit.

Je faisais ou fis.

I did
thou didst
he, we, you, they } did

Subjonctif.

Imparfait.

Que je fisse, etc.

(that) I
– thou, he, we, you, they } did.

Impératif. (rég.)

do, fais, faites.
let us do, faisons.

Participe passé.

done, fait
having done, ayant fait.

Nota. Les verbes, en anglais, sont dits irréguliers, quand au Prétérit et au part. passé ils n'ont point la finale ed.

Tableau des principaux

Russe. — Allemand. — Anglais. — I...

Nota. Les verbes irréguliers sont assez nombreux dans toutes les langues, et font l'objet de remar... à titre d'exemple, que ceux dont les irrégularités sont les plus frappantes ou qui sont d'un usage fré...

Russe				Allemand Infinitif	Parfait et Passé	Anglais Infinitif	Parfait et Passé	I... 1ère
бѣжать courir, fuir.	je cours, etc. бѣгу, бѣжишь, бѣжитъ, бѣжимъ, бѣжите, бѣгутъ	онъ бѣжалъ, il courut, il s'est sauvé.	бѣги, cours.	befehlen commander.	befahl befohlen.	arise s'éveiller.	arose arisen	Les verbes ... à l'exception ...
				befleißen s'appliquer.	befliß beflissen.	awake réveiller.	awoke	
				beginnen commencer.	begann begonnen	bear porter	bāre, bore born, borne	je donne, etc. io do
брать prendre cueillir.	je prends, (je) беру, (tu) берёшь, (il) берётъ, (ils) берутъ	я бралъ, j'ai pris	бери, prends.	beißen mordre.	biß gebissen.	bēat battre	bēat bēaten	dai, da
				bergen cacher.	barg geborgen.	begin commencer	began begun	diamo, date
бить, battre, briser	je bats, etc. бью, бьёшь,			bersten crever.	barst geborsten	behold contempler	beheld beholden	danno. — da, donne

Imparfait
j'allais, etc.
io andava, etc.
Passé défini.
j'allai, etc.
io andai, etc.
Futur
io andrò ou anderò, etc.
Conditionnel.
j'irais.
io andrei ou anderei.
Subjonctif
Présent.
que j'aille, etc.
che io / – tu / – egli } vada
– noi andiamo
– voi andiate
– eglino vadano.
Imparfait.
que j'allasse, etc.
che io andassi, etc.
Impératif.
va, va.
che egli vada, qu'il aille.
andiamo, allons
andate, allez
che eglino vadano, q. aillent.
Participes
Présent
andando, allant.
Passé.
andato, allé.

Imparfait.
j'allais.
iba
ibas
iba
ibamos
ibais
iban.
Futur.
j'irai.
iré (R)
iras
ira
iremos
ireis
iran.

Prétérit.
j'allai.
fui, etc
(comme le Passé défini du verbe ser, être).
Conditionnel.
j'irais.
iria (R)
irias
iria
iriamos
iriais
irian.

Subjonctif.
Présent.
que j'aille.
que vaya
– vayas
– vaya
– vayamos
– vayais
– vayan

Imparfait.
que j'allasse.
que fuese, etc.
(comme l'Imparfait du Subj. du verbe ser, être).

Impératif.
ve, va
vaya el, qu'il aille
vamos ou vayamos, allons
id, allez
vayan ellos, qu'ils aillent.
Gérondif.
yendo, allant.

Prétérit.
je dis.
disse
disseste
disse
dissémos
dissestes
disseram
Futur.
je dirai.
direi
diras
dira
diremos
direis
dirão
Subjonctif.
Présent
que je dise.
que eu diga
– digas
– diga
– digamos
– digais
– digam,
Futur.
Si ou Quand je dirai
Se ou quando eu
disser
disseres
disser
dissermos
disserdes, disserem

Plus-que-Parfait.
je dirais ou que je dise
dissera
disseras
dissera
disseramos
dissereis
disseram.
Conditionnel.
je dirais.
diria
dirias
diria
diriamos
dirieis
diriam.
Imparfait.
Que je dise.
que eu disesse
– dissesses
– dissesse
– dissessemos
– dissesseis
– dissessem.
Impératif.
dize, dis.
diga, qu'il dise
digamos, disons.
dizei; dites
digão, qu'ils disent.
Part. Passé.
dito. dit.

verbes irréguliers.

alien. | Espagnol. | Portugais.

nes particulières dans les dictionnaires complets de Makaroff, Birman, Clifton, etc; nous ne relèverons ici
ment.

onjugaison. | 1ère Conjugaison. | 1ère Conjugaison.

n are sont tous réguliers
ceux qui suivent.
ndare, aller.
dare, donner.
donnais, / je donnerais
o dava / io darei.
donnai, / que je donne,
etti, desti. / che io dia
ette-demmo / q. je donnasse,
ste-dettero / che io dessi.
donnerai / noi dessimo
o daro / eg. dessero
iamo, donnons / date, donnez

1. Verbes qui changent l'i du radical en ie, et qui se conjuguent sur Acertar, réussir.
acierto je réussis | acierte, que je réussisse.
aciertas tu réussis | aciertes. – tu réussisses
acierta il réussit | acierte, – il réussisse
aciertan ils réussissent. | acierten, – ils réussissent
acierta réussis. | acierte Vd. réussissez
Nota – Les autres personnes sont régulières.

acrecentar, augmenter. | herrar, ferrer
alentar, encourager. | invernar, hiverner.
apretar, serrer. | merendar, goûter
atraversar, traverser. | negar, nier.

crear, créer
je crée, etc. / que je crée.
eu crio / crie. cries
tu crias / crie / creado
elle cria / criemos / créé.
elles criam / crieis. criem
dar, donner.
je donne, etc / je donnai. / Que je donne.
dou. das. / dei. deste dei / desse. desses
da. dão / démos, destes / desse.
(il) (ils) / deram. / dessemos
dessais
dado, donné. / dessem.

Russe.

	бьёшь, бьётъ, бьёмъ, бьёте, бьютъ	онъ билъ, il battit.	бей; bats. битый, battu.
брить, faire la barbe	je rase, брѣю	"	rasé, бритый
беречь, garder, conserver	je garde, берегу, бережёшь	il garda, etc. берёгъ, берегли	бережёный, gardé.
	береги, garde, берегите, gardez.		
везти, voiturer, charrier	je charrie, везу, везёшь, везётъ (il), везутъ (ils)	il, elle charria. вёзъ, везла	вези, conduis. везённый, conduit

se conjuguent de même :
лѣзть, grimper
грызть, ronger
ползти, ramper.

вести, conduire, mener.	je conduis, я веду, онъ (il) ведётъ,	il (elle) conduisit, онъ вёлъ, она вела, они вели,	ведённый, conduit.
	веди : conduis.		
взять, prendre.	je prends, я возьму	il (elle) prit, онъ взялъ, она взяла, они взяли,	взятый, pris.
	возьми, prends.		
влечь, tirer, entraîner.	je tire, etc. влеку, влечёшь, влечётъ	il (elle) tira, etc. entraîna, etc. онъ влекъ, она влекла,	влечённый, (forme longue) ou влечёнъ (forme courte) entraîné.
	влеки, tire.		
врать, mentir, hâbler.	je mens, вру, врёшь, врётъ (il), врутъ (ils)	il mentit, etc. онъ вралъ,	вранный, menti.
	ври : mens.		
выть, hurler, pleurer	je sanglote, вою (je), воютъ (ils)	il (elle) hurla, онъ вылъ, она выла	"
гнать, chasser.	je chasse, гоню	il chassa, онъ гналъ	гнанный, chassé.
гнести, presser, serrer.	je presse, я гнету	il pressa, онъ гнёлъ.	гнетённый, pressé
	гнети : presse		
грести, ramer, nager.	je rame etc. я гребу, онъ гребётъ,	je ramai, грёбъ, она гребла,	гребённый, ramé,
	греби : nage		
дать, donner	je donne etc. я даю, il (elle) donna, далъ, дала	je donnerai etc. дамъ (je), дашь (tu), дастъ (il)	данный, donné. дай-те, donne-donnez.

Allemand.

Infinitif	Parfait et Passé
biegen, plier.	bog, gebogen.
bieten, offrir.	bot, geboten.
binden, lier.	band, gebunden
bitten, prier.	bat, gebeten.
blasen, souffler.	blies, geblasen
bleiben, rester	blieb, geblieben
bleichen, pâlir	blich, geblichen
braten, rôtir.	briet, gebraten.
brechen, casser.	brach, gebrochen
brennen, brûler.	brannte, gebrannt
bringen, apporter.	brachte, gebracht
denken, penser.	dachte, gedacht
dringen, presser.	drang, gedrungen
dürfen, oser.	durfte, gedurft
empfehlen, recommander	empfahl, empfohlen
essen, manger.	aß, gegessen.
fahren, aller (en voiture).	fuhr, gefahren
fallen, tomber.	fiel, gefallen
fangen, prendre.	fing, gefangen
fechten, combattre	focht, gefochten.
finden, trouver.	fand, gefunden
flechten, tresser.	flocht, geflochten
fliegen, voler (ailé)	flog, geflogen
fliehen, fuir.	floh, geflohen.
fließen, couler.	floß, geflossen
fressen, manger (dévorer)	fraß, gefressen
frieren, geler	fror, gefroren
geben, donner.	gab, gegeben

Anglais.

Infinitif	Parfait et Passé
bid, ordonner.	bid, bāde; bid, bidden
bind, lier.	bound (B)
bite, mordre.	bit; bit, bitten.
bleed, saigner.	bled (B)
blow, souffler.	blew, blōwn
break, rompre	broke, broken
breed, élever, nourrir	bred (B)
bring, apporter	brought (B)
build, bâtir.	built (B)
burn, brûler	burnt (B)
burst (A) éclater.	
buy, acheter.	bought (B)
cast (A) jeter.	
catch, attraper	caught (B)
choose, choisir,	chose, chosen
cling, adhérer.	clang, clung
clothe, habiller.	clad (B)
come, venir	came, come
cost (A) coûter.	
dare, oser.	durst, dāred,
dig, creuser	dug
draw, tirer.	drew, drawn
drink, boire	drank, drunk
drive, chasser.	drove, driven
eat, manger.	āte, eaten
fall, tomber	fell, fallen

(A) Quelques verbes ont la même forme aux 3 temps: Présent, Parfait et Passé — (B) d'autres ont le Passé défini semblable au P. Passé.

I-

dando,
stare
je reste,
io sto
je restais
io stava
stando

je fais.
fo ou faccio
je faisais
io faceva.
facendo

2e

Presque tous ... sont irréguli... Passé Défini
addurre
j'allègue.
io adduco
. adduci
. adduce
. adduciam...
. adducete
. adducon...
adduci
allègue
adducete
alléguez
Nota - Les ... re, riprod... tradurre, ri... durre, condu... conjuguent

be-
cogliere
cueillir
dolersi
se plaindre
muovere
mouvoir
ponere
mettre
rimanere
rester
scegliere
choisir
sedere
s'asseoir
spegnere
éteindre.
se conjuguen...
Indicatif
je bois
je cueille, etc.

donnant. dato, donné.

être, rester.

je restai.	je resterais
io stetti	io starei.
je resterai.	que je reste.
io staro	che io stia

restant – stato, resté.

fare, faire.

je fis	je ferais
io feci	io farei
je ferai	que je fasse
io faro	che io faccia

faisant – fatto, fait.

Conjugaison.

Les verbes de cette conjugaison plusieurs ne le sont qu'au et au Part-Passé.

citer, alléguer.

j'alléguais,	j'alléguerai,
adduceva	io addurro
j'alléguai	j'alléguerais
addussi	addurrei.
adducesti	addurresti
addusse	que j'allègue
adducemmo	che io adduca,
adduceste	que j'alléguasse.
addussero	che adducessi;

adducendo. addotto, alléguant. allégué.

verbes: produrre, produire, riprodurre, tradurre, condurre, recondurre, corre, dedurre, déduire se sur le paradigme ci-dessus.

vere, boire.

tenere	sapere
tenir	savoir
valere	scuotere
valoir	secouer
volere	solere
vouloir	avoir coutume
cuocere	tacere
cuire	se taire
dovere	togliere
devoir	ôter
nascere	vedere
naître	voir
parere	volgere
sembler	tourner
potere	nuocere
pouvoir.	nuire.

comme il suit:

Imparfait –	Parfait
je buvais.	je bus.
je cueillais, etc	je cueillis, etc

calentar	chauffer	nevar	neiger
cegar	aveugler	pensar	penser
cerrar	fermer	plegar	plier
comenzar	commencer	quebrar	rompre
confesar	avouer	recomendar,	recommander
despertar	réveiller	regar	arroser
empezar	commencer	segar	faucher
ensangrentar,	ensanglanter	sembrar	semer
errar	errer	sentarse	s'asseoir
helar	geler.	serrar	scier
		tropezar	broncher.

II – Verbes qui changent l'O du radical en ue, et qui se conjuguent sur Almorzar, déjeuner.

almuerzo	je déjeune	almuerce,	que je déjeune
almuerzas	tu déjeunes	almuerces,	– tu déjeunes
almuerza,	il déjeune	almuerce	– il déjeune
almuerzan,	ils déjeunent	almuercen,	– ils déjeunent

acordarse,	se souvenir	holgar	se reposer
acostarse	se coucher	mostrar	montrer.
aprobar	approuver	probar	prouver
avergonzar,	faire honte	renovar	renouveler
colgar	suspendre	resonar	résonner
concordar	s'accorder	rodar	rouler
consolar	consoler	rogar	prier
contar	compter	soltar	délier
costar	coûter.	sonar,	sonner
demostrar	démontrer	soñar	rêver
desollar	écorcher	tostar	rôtir
despoblar	dépeupler	trocar	troquer.
encontrar	rencontrer	tronar	tonner.
engrosar	grossir	volar	voler.
forzar	forcer.	volcar,	verser.

andar, marcher.

anduve,	je marchai.	anduviese	q. je marchasse
anduviste	tu marchas,	anduvieses,	q. tu d°
anduvo, etc.	il marcha	anduviese,	qu'il d° etc.

dar, donner.

yo doy, etc	je donne, etc	diese,	q. je donnasse
yo di, etc	je donnai, etc	de Vd.	donnez:

jugar, jouer.

juego:	je joue.	juegue.	q. je joue
juegas, etc	tu joues, etc	juega	joue.

2e Conjugaison.

1° Verbes qui changent l'I du radical en IE (V. Acertar). Ascender, monter.

asciendo	je monte.	ascienda	q. je monte
asciendes	tu montes	asciendas	q. tu montes
asciende	il monte	ascienda	q. il monte
asciendes,	ils montent	asciendan,	q. ils d°.

asciende, monte. ascienda Vd. montez

se conjuguent de même:

atender,	faire attention	encender	allumer
condescender,	condescendre	entender,	entendre
contender,	disputer	hender,	fendre
defender	, défendre	perder,	perdre.

2e Conjugaison.

Caber, avoir place, tenir dans

caibo	coube	coubesse
cabes	coubeste	coubesses
cabe	coube	coubesse

cabido, avoir eu place.

crer, croire

je crois	que je croie	cru:
creio	creia	crido.
cres, etc.	creias	

fazer, faire

je fais	je fis	que je fasse
eu faço	eu fiz	que eu faça
tu fazes	tu fizeste,	– faças
je ferai,	je ferais	que je fisse:
eu farei	eu faria	fizesse
tu faras,	tu farias	fizesses.

feito, fait.

ler, lire.

je lis, etc.	que je lise	lu
eu leio	que eu leia	lido,
tu lês	– tu leias	

poder, pouvoir.

je peux, etc	je pus	que je pusse.
posso	pude	pudesse
podes, etc	pudeste	pudesses,

podido, pu.

por (et ses dérivés), mettre.

je mets,	je mettais,	je mis, etc
ponho	punha	puz
pões	punhas	puzeste
põe, etc.	punha,	poz
que je mette	Que je misse.	mettant
ponha	puzesse	pondo,

posto, mis.

prazer, plaire.

il me plait	il me plût,	plu.
praz-me	prouve-me	prazido

querer, vouloir.

je veux,	je voulus,	que je voulusse
quero	quiz	quizesse
queres	quizeste	quizesses
quer	quiz	quizesse
querêmos	quizémos	quizessemos
querêis	quizestes	quizesseis
querem	quizeram	quizessem

querido, voulu.

requerer, requérir.

je requiers	je requis	que je requière
requeiro	requeri	requeira
requeres	requeste	requeiras
requer	requeu	requeira

requerido, requis.

Russe

жрать, dévorer. жру, je dévore | онъ жралъ

жить, vivre.
- живу, je vis
- живёшь, tu vis
- живётъ, il vit
- живёмъ, nous vivons
- живёте, vous vivez
- живутъ, ils vivent

онъ жилъ, il vivait. — житый, vécu.
живи, vis.

жать, presser, serrer. je serre, я жму | il pressa, онъ жалъ | жатый, pressé.
жми, presse.

жечь, brûler, cuire.
- je brûle, жгу, жжёшь, жжётъ | brûlait-la, жёгъ, жгла, жгло | жжённый, brûlé.

жги, cuis.

звать, appeler. j'appelle, зову, зовётъ (il) | appela, etc. звалъ, звали | званный, appelé.
зови, appelle.

здать, bâtir, fonder.
зижду, je bâtis | зижди, bâtis

занять, занимать, occuper, tenir.
j'occupe, занимаю | j'occuperai, займу | occupa, занялъ | occupé, занятой.

крыть, couvrir.
я крою, je couvre | крытый, couvert.

клясть, maudire.
кляну, je maudis | клялъ, il maudissait

красть, voler, dérober.
je vole, я краду | je volais, я кралъ | volé, краденный | vole, кради.

класть, mettre, poser.
je pose, я кладу | je posais, я клалъ | posé, кладенный | pose, клади.

лечь, être couché.

Ind.	Parf.	Imp.
лягу	лёгъ	лягъ
ляжешь	легла	лягте

мыть, laver.
я мою, je lave | мытый, lavé

мести, balayer.
je balaye, мету | il balaya, онъ мёлъ | balayé, метённый | balaye, мети.

мочь, pouvoir.
je peux, etc. могу, можетъ (il) | pouvait, могъ, могла | peux, моги. — "

нести, porter.
je porte, я несу, онъ несётъ, они несутъ | porta-tait, нёсъ, несла, несло, несли | porté, несённый | porte, неси.

se conjuguent de même:
пасти, faire paître.
спасти, sauver, soustraire. —
трясти, secouer, branler.

Allemand

gelingen, réussir	gelang, gelungen
genießen, jouir	genoß, genossen
geschehen, arriver	geschah, geschehen
gewinnen, gagner	gewann, gewonnen
gießen, verser	goß, gegossen
gleiten, glisser	glitt, geglitten
graben, creuser	grub, gegraben
greifen, saisir	griff, gegriffen
heben, lever	hob, gehoben
helfen, aider	half, geholfen
kennen, connaître	kannte, gekannt
klingen, sonner	klang, geklungen
kommen, venir	kam, gekommen
laden, charger	lud, geladen
leiden, souffrir	litt, gelitten
leihen, prêter	lieh, geliehen
lesen, lire	las, gelesen
liegen, être couché	lag, gelegen
lügen, mentir	log, gelogen
meiden, éviter	mied, gemieden
messen, mesurer	maß, gemessen
mögen, pouvoir	mochte, gemocht
müssen, falloir	mußte, gemußt
nehmen, prendre	nahm, genommen
nennen, nommer	nannte, genannt
rathen, conseiller	rieth, gerathen
reißen, déchirer	riß, gerissen
reiten, aller à cheval	ritt, geritten
rennen, courir	rannte, gerannt
riechen	roch

Anglais

feed, nourrir	fed
feel, sentir	felt
fight, combattre	fought
find, trouver	found
fly, s'envoler	flew, flown
forbid, prohiber	forbade, forbidden
forget, oublier	forgot, forgotten
forgive, pardonner	forgave, forgiven
forsake, abandonner	forsook, forsaken
freeze, geler	froze, frozen
get, acquérir	got, gotten
give, donner	gave, given
go, aller	went, gone
grow, croître	grew, grown
hear, entendre	heard
hold, tenir	held, holden
know, savoir	knew, known
lade, charger	laded, laden
lay, poser	laid
lead, mener	led
leave, laisser	left
lend, prêter	lent
lie, se coucher	lay, lain
light, allumer	lit
lose, perdre	lost
make, faire	made
meet, rencontrer	met
pay, payer	paid
put,[A] mettre	
read,[A] lire	

I.

io bevo
- colgo
io mi dolgo
- muovo
- pongo
- rimango
- scelgo
siedo ou seggo
- spengo
- tengo
- valgo
- voglio
- cuoco
devo ou debbo
- nasco
- paio
- posso
- so
- scuoto
io soglio, tu suoli
- taccio, tu taci
io tolgo, tu togli
vedo ou veggo
- volgo
- nuoco

Futur

je boirai,
je cueillerai, etc.

berò
coglierò
mi dorrò
moverò
porrò
rimarrò
sceglierò
sederò
spegnerò
terrò
varrò
vorrò
cocerò
dovrò
nascerò
parrò
potrò
saprò
scoterò
Che io sa
tacerò
torrò
vedrò
volgerò
nocerò
N. Les autres

Verbes irré...
fait et au Parf.
naisons au Passé

…beveva	io bevvi
coglieva	colsi
mi doleva	mi dolsi
moveva	mossi
poneva	posi
rimaneva	rimasi
scioglieva	sciolsi
sedeva	sedei ou sedetti
spegneva	spensi
teneva	tenni
valeva	valsi
voleva	volli
coceva	cossi
doveva	dovei ou dovetti
nasceva	nacqui
pareva	parvi
poteva	potei
sapeva	seppi
scoteva	scossi
soleva	fui solito
taceva	tacqui
toglieva	tolsi
vedeva	vidi
volgeva	volsi
noceva	nocqui

Subjonctif Imparfait	Part. passé,
que je bufse	bu,
que je cueillifse,	cueilli, etc.
bevessi	bevuto.
cogliessi	colto
mi dolessi	doluto si.
movessi	mosso
ponessi	posto
rimanessi	rimasto
scegliessi	scelto.
sedessi	seduto.
spegnessi	spento,
tenessi	tenuto
valessi	valuto.
volessi	voluto
cocessi	cotto
dovessi	dovuto
nascessi	nato.
paressi	parso
potessi	potuto.
sapessi	saputo.
scotessi	scosso
glia - que.	solito
tacessi	taciuto
togliessi	tolto.
vedessi	visto
volgessi	volto
nocessi	nociuto.

…temps se reconnaîtront sans peine.

…guliers seulement au Pas-sé, ou qui ont deux termi-… défini ou au Part. Passé:

descender, descendre. tender, tendre.

II. Verbes qui changent l'O du radical en ue. (V. almorzar). – dissolver, dissoudre.

dissuelvo	je dissous	dissuelva,	que je dissolve
dissuelves	tu dissous	dissuelvas,	tu dissolves
dissuelve	il dissout	dissuelva,	il dissolve
dissuelven	ils dissolvent	dissuelvan,	ils dissolvent
disuelve,	dissous	disuelva Vd.	

se conjuguent de même:

absolver	absoudre	llover	pleuvoir
condolerse	compatir	moler	moudre
commover	émouvoir	morder	mordre
demoler	démolir.	mover	mouvoir
destorcer	détordre	resolver	résoudre
doler	avoir mal à	soler	avoir coutume
envolver	envelopper	volver	rendre.

III. Verbes en acer, ecer et ocer qui prennent un Z avant le C du radical à la 1re personne du singulier du présent de l'indicatif – au présent du subjonctif.

conocer, connaître.

conozco,	je connais.	conozca	que je connaisse
–	–	conozcas	que tu
conozca,	qu'il connaisse	conozca,	qu'il
conozcamos,	conozcamos	conozcamos,	que nous
conozcan,	qu'ils connaissent	conozcais,	que vous
		conozcan,	qu'ils

se conjuguent de même:

abastecer,	ravitailler	establecer,	établir.
aborrecer,	haïr	estremecerse,	frémir d'horreur.
adormecer,	endormir	fallecer,	mourir
agradecer,	remercier	favorecer,	favoriser
apetecer,	désirer	humedecer,	humecter
carecer,	manquer	merecer,	mériter
compadecer,	compatir	nacer,	naître
comparecer,	comparaître	obedecer,	obéir
complacer,	complaire	ofrecer,	offrir
desaparecer,	disparaître	pacer,	paître
desfallecer,	défaillir	padecer,	souffrir
embrutecer,	abrutir	parecer,	paraître
enriquecer,	enrichir	perecer,	périr
enternecer,	attendrir	pertenecer,	appartenir
entorpecer,	engourdir	prevalecer,	prévaloir
envejecer,	vieillir.	renacer,	renaître.

et autres verbes unipersonnels, tels que: amanecer, anochecer, acontecer, etc, etc.

IV. Verbes qui pour la plupart, sont irréguliers à la 1re pers. de l'ind. – au Prétérit déf. – au futur, au Condit., à l'impér. et au subjonctif.

Infinitif.	Présent.	Parfait.	Futur.
caber	quepo,	cupe	cabré
contenir	je tiens	cupiste, etc	cabras, etc
caer	caigo	que yo caiga, etc	
tomber	je tombe	que je tombe, etc.	
hacer	hago	hice	haré
faire	je fais.	hiciste, etc	haras

saber, savoir.

je sais, etc	je sus, etc	que je sache
sei	soube	saiba,
sabes	soubeste	saibas, etc
sabe	soube	que je susse
sabêmos	soubemos	soubesse
sabeis	soubestes	soubesses
sabem	souberam,	soubessemos

sabido, su.

trazer = porter.

je porte, etc	je portai,	je porterai, etc
trago	trouxe	trarei
trazes	trouxeste	traras
traz	trouxe, etc	trara, etc
je porterais	que je portasse	–
traria,	trouxesse	trazido
trarias, etc	ou trouxera	porté.

valer = valoir.

je vaux, etc	q. je vaille.	valido
valho	valha	valu.
vales, etc.	valhas, etc	

ver, = voir (et ses dérivés).

je vois, etc.	je vis, etc.	que je voie.
vejo, vês, vê,	vi, viste, viu,	veja, vejas,
vêmos	vimos	que je visse,
vêdes	vistes	visse ou vira
vêem	viram.	visto = vu.

3e Conjugaison

acudir = secourir.

acúdo, acódes, acóde, acudimos, acudis, acódem.

acudido, secouru.

Sur ce verbe se conjuguent:

cuspir	destruir	sacudir
cracher.	détruire.	secouer.
construir	engulir	subir
construire	avaler.	monter.
consumir	fugir	tossir.
consommer	fuir	tousser.

cobrir, couvrir.

je couvre, etc	q. je couvre,	coberto,
cubro,	cubra	couvert.
cobres, etc	cubras, etc	–

dormir, dormir.

je dors, etc.	q. je dorme.	dormido,
durmo	durma	dormi.
dormes,	durmas,	

ir = aller.

je vais, etc	j'allai, etc	j'irais ou q. j'allasse
vôu, vaës	fui, foste	fôra, foras,
vaë, vamos,	fôi, fômos,	fora, foramos
ides, vão	fostes, foram	foreis, foram,
que j'aille, etc	q. j'allasse	si je vais, etc
vá, vás,	fosse, fosses,	fôr, fôres,
vá, vamos	fosse, fossemos	fôr, etc
vádes, vão	fosseis, fossem,	ido = allé.

medir, mesurer.

je mesure,	q. je mesure	medido,
meço	meça	mesuré.

Russe

пасть, tomber.
паду, je tombe | онъ палъ, il tomba
падú, tombe.

печь, cuire, frire.

je cuis,	cuisait.	cuit	cuis.
пеку,	пёкъ,	печёнъ	пеки
печёшь,	пекла,		
печётъ.	пекло.		

плести, tresser.

je tresse	tressa.	tressé.	tresse.
плету,	плёлъ,	плетённый	плети

плыть, naviguer, voguer.
плыву, je navigue | плыли, ils voguèrent

пѣть, chanter.
я пою, je chante. | пѣтый, chanté.
онъ поётъ, il chante – онъ пѣлъ, il chanta.

расти, croître, grandir.

je grandis,	grandissait	crois.
расту,	росъ,	расти. "
растёшь	росла	
растётъ,	росли.	

рвать, arracher, déchirer.
рву, j'arrache | рванный,
онъ рвётъ, il déchire | arraché.

рыть, creuser.
рóю, je creuse, | рытый,
онъ роетъ, il creuse | creusé.

стать, devenir, se faire.
стáну | стало | стали. "

слать, envoyer, expédier.
я шлю, j'envoie | слалъ : envoya
ты шлешь, tu envoies | шли : envoie

слыть, avoir la réputation de.
слыву, je passe pour – слывётъ, il est réputé

стеречь, garder, surveiller.
стерегу, | стерёгъ | стережённый,
стережёшь, | стерегла | gardé.
стереги, garde.

сѣсть, être assis.
сяду – сѣлъ – сядь –

хотѣть, vouloir.
хочу, je veux
хочешь, tu veux
хочетъ, il veut
хотимъ, n. voulons.
хотите, v. voulez
хотятъ, ils veulent.
| онъ хотѣлъ il voulut.

цвѣсти, fleurir.
цвѣту | цвѣлъ | цвѣтённый | цвѣти

чтить, honorer.
чту, | чтилъ, il honora | чтённый, honoré.
чтишь,

ѣсть, manger.

je mange,	mangea.	mangé.	mange. ez
ѣмъ.	ѣлъ	ѣденный	ѣжь
ѣшь, etc	ѣла		ѣжьте.

ѣхать, aller en voiture.
ѣду | ѣхалъ | ѣдучи | ѣхавши,
ѣдетъ (il) | ѣхала | allant. | étant allé.

Allemand

sentir.	gerochen
ringen,	rang
lutter.	gerungen
rinnen	rann
couler.	geronnen
rufen	rief
appeler.	gerufen.
saufen,	soff
boire (avec excès)	gesoffen
schelten	schalt
gronder, injurier	gescholten
schieben	schob
pousser	geschoben
schießen	schoß
tirer (arme)	geschossen.
schlafen,	schlief
dormir.	geschlafen
schlagen	schlug
battre.	geschlagen
schließen	schloß
fermer.	geschlossen
schlingen,	schlang
entrelacer.	geschlungen
schneiden	schnitt
tailler.	geschnitten
schrecken	schrak
effrayer.	geschrocken
schreiben	schrieb
écrire.	geschrieben
schreien	schrie
crier.	geschrieen
schreiten	schritt
marcher.	geschritten
schweigen	schwieg
se taire	geschwiegen
schwimmen	schwamm
nager	geschwommen
schwinden	schwand
disparaître	geschwunden
sehen	sah
voir.	gesehen.
senden	sandte
envoyer	gesandt.
singen	sang
chanter.	gesungen
sinken	sank
s'enfoncer.	gesunken.
sinnen,	sann
penser.	gesonnen,
sitzen	saß
être assis.	gesessen.
springen	sprang
sauter.	gesprungen
stehen	stand
être debout.	gestanden
stechen	stach
piquer.	gestochen
stehlen	stahl
dérober.	gestohlen.

Anglais

ride	rode
aller à cheval	ridden
ring	rang
sonner	rung
rise	rose
s'élever	risen
rot	rotted
pourrir	rotten
run	ran
courir.	run
say	said
dire	
see	saw
voir	seen
seek	sought
chercher	
sell	sold
vendre	
send	sent
envoyer	
set (A) mettre.	
shake	shook
secouer.	shaken
shine	shone
briller.	
show,	showed
montrer.	shown
sing	sang
chanter.	sung
sink	sank
enfoncer	sunk
sit	sat
s'asseoir.	sitten
slay	slew
égorger.	slain
sleep	slept
dormir.	
sow	sowed
semer.	sown
speak	spoke
parler	spoken
spend	spent
dépenser	
spin	span
filer	spun
spring	sprang
s'élancer	sprung
stand	stood
se tenir debout	
stay	staid
rester	
steal	stole
dérober	stolen
stride	strode
enjamber, enfourcher.	stridden
strive,	strove
s'efforcer	striven
swear	swore
jurer	sworn

I.

Nota - Le Pas[…] Défini n'a que trois personnes régulières : la 1re la 3e du singulier ainsi que la 3e du pluriel.
Se conjug[…]

Infinitif

accendere allumer
accorgersi s'apercevoir.
affliggere, affliger.
ardere brûler
ascondere cacher.
assolvere absoudre
cadere tomber
chiedere demander,
chiudere fermer
cingere ceindre.
conoscere, connaître.
correre courir.
crescere croître.
credere croire.
defendere défendre,
dirigere diriger
discutere discuter.
distinguere distinguer
erigere élever.
estinguere éteindre.
fondere fondre
giungere arriver.
godere, jouir.
incidere graver
leggere lire
mettere mettre
offendere, offenser.
percuotere, frapper.
perdere perdre.
piangere pleurer.
pingere peindre
premere presser.
recidere couper.
rispondere répondre
etc. etc.

…alien.

…mpere, rompre.
…ruppi
rompesti
…ruppe
…rompemmo
rompeste
…ruppero

…ème les verbes ci-après.

…ssé défini.	Part. Passé.
…ccesi	acceso
…'accorsi	accortosi
…fflissi	afflitto
…rsi	arso
…scosi	ascoso
…solvé / …solsi	assoluto / assolto
…addi	caduto
…hiesi	chiesto
…hiusi	chiuso
…nsi	cinto
…nobbi	conosciuto
…rsi	corso
…ebbi	cresciuto
…edei / …edetti	creduto,
…ifesi	difeso
…ressi	diretto
…iscussi	discusso
…istinsi	distinto
…ressi	eretto
…stinsi	estinto
…usi / …ondei	fuso / fonduto
…iunsi	giunto.
…odei / …odetti	goduto
…ncisi	inciso
…ssi	letto.
…nisi	messo
…ffesi	offeso
…ercossi	percosso
…ersi / …erdei	perso / perduto
…iansi	pianto
…insi	pinto
…remei / …remetti	premuto
…ecisi	reciso
…isposi	risposto

Espagnol.

poder pouvoir	puedo puedes, etc	pude pudiste, etc	podré podras, etc
poner mettre	pongo je mets,	puse pusiste, etc	pondré pondras, etc
querer vouloir	quiero quieres, etc	quise quisiste,	querré querras,
saber savoir	yo sé je sais	supe supiste, etc	sabré sabreas, etc
traer apporter.	traigo j'apporte	traje. trajisté	trajese que j'app^ame^
valer valoir	valgo je vaux.	" "	valdré valdras
ver voir.	veo ves, ve, etc	vi viste, etc,	veré veras, etc.

Nota. Le Conditionnel ainsi que les temps du subjonctif se devineront facil^t^ si l'on s'est bien pénétré des terminaisons verbales ci-dessus.

3e Conjugaison.

I. Verbes qui changent l'I du radical en ie.

Sentir, sentir. (V. Acertar & Ascender).

siento,	je sens.	sintio,	il sentit.
sientes,	tu sens	sintieron,	ils sentirent
siente,	il sent	sintiese,	que je sentisse
sienten,	ils sentent.	sintieses, etc	– tu sentisses

siente = sens | sintamos = sentons. | sintiendo, sentant.

se conjuguent de même :

adherir,	adhérer.	herir,	blesser
adquirir,	acquérir	hervir,	bouillir
advertir,	donner avis	inferir,	inférer
arrepentirse,	se repentir.	invertir,	intervertir.
conferir,	conférer,	mentir,	mentir
consentir,	consentir	pervertir,	pervertir
convertir,	convertir	preferir,	préférer
deferir,	déférer	presentir,	pressentir
desmentir	démentir	proferir,	proférer
diferir,	différer	referir,	rapporter
digerir,	digérer	requerir,	requérir
discernir,	discerner	resentirse,	se ressentir
divertir,	divertir.	transferir.	transférer.

II. pedir, demander.

pido	je demande	pidio	il demanda
pides	tu demandes	pidieron	ils demandèrent
pide	il demande	pida,	que je demande
piden	ils demandent	pidas,	– tu demandes

pide, demande | pidamos, demandons | pidiendo, demandant.

se conjuguent de même :

ceñir,	ceindre	impedir,	empêcher
competir,	rivaliser	medir,	mesurer
concebir,	concevoir	perseguir,	persécuter.
conseguir,	obtenir	regir (A)	gouverner
constreñir,	contraindre	reir,	rire.
corregir (A)	corriger	rendir,	rendre
despedir,	congédier	repetir,	répéter
elegir (A),	choisir	seguir,	suivre
embestir,	attaquer	servir,	servir
engreirse,	s'enorgueillir	sonreir,	sourire
expedir,	expédier	teñir,	teindre
henchir,	emplir.	vestir,	habiller.

(A) Les verbes terminés en gir changent le g en j devant l'o ou l'a des temps et des personnes.

III. Verbes offrant plusieurs irrégularités :

Asir, saisir – asgo, je saisis

asga,	que je saisisse.	asgamos,	que nous s.
asgas,	– tu	asgais,	
asga,	– il	asgan,	

Portugais.

médes,	méças	
medimos,	meçamos	etc

pedir, demander.

je demande	q. je demande	
peço, pedes.	peça, peças.	pedido.
pedimos,	peçamos,	demandé.

se conjugent sur pedir : impedir, empêcher – despedir, congédier.

mentir, mentir.

je mens, etc	que je mente	
minto	minta	mentido
mentes	mintas	menti.
mentimos	mintamos	

se conjuguent sur mentir : advertir, avertir | competir, rivaliser. | despir, déshabiller | digerir, digérer | ferir, blesser | repetir, répéter | reflectir, réfléchir | seguir, etc, qui font adverto, dispo, digiro, etc.

ouvir, ouïr, entendre.

j'entends, que j'entende,

oiço ou ouço.	oiça ou ouça	
ouves,	ouças	ouvido :
ouvimos	ouçamos	entendu.

polir, polir.

je polis, etc.	q. je polisse.	
pulo, pules,	pula, pulas,	polido,
pulimos, etc	pulamos, etc	poli.

rir, rire.

je ris, etc.	que je rie, etc	
rio, ris, ri,	ria, rias,	rido :
rimos, etc	riâmos, etc	ri.

sahir, sortir.

je sors, etc.	que je sorte	
saio, saes,	saia, saias	sahido.
saimos, etc	saiâmos,	sorti.

sentir, sentir.

je sens, etc.	q. je sente,	
sinto,	sinta	sentido.
sentes	sintas	senti.
sentimos	sintâmos,	

vir, venir (et ses composés).

je viens,	je venais,	je vins, etc
vênho	vinha	vim
vêns	vinhas	vieste
vêm	vinha	vêio
vimos	vinhamos	viemos
vindes	vinheis	viestes
vêm.	vinham.	vieram

vindo : venu.

Verbes à double participe, l'un régulier, l'autre irrégulier.

aceitar accepter.	aceitado,	aceite.
absolver absoudre.	absolvido,	absôlto
attender être attentif	attendido,	attento
abrir ouvrir	abrido,	abérto

Russe			Allemand			Anglais			Italien
Quelques Verbes réguliers avec indication de leur 1re personne.			sterben, mourir.	starb	gestorben	swim, nager.	swam	swum	3e Con[jugaison].
ходить, marcher.	хожу.		stoßen, pousser.	stieß	gestoßen	take, prendre.	took	taken	La plupart des verbes irrég[uliers] qu'au présent de l'indicatif et à la 3e pers. du pluriel), à [...]sent du subjonctif. Ex.
вѣсить, peser	вѣшу.		streiten, disputer.	stritt	gestritten	teach, enseigner	taught		j'embellis, etc. embellis.
рубить, couper	рублю.		thun, faire	that	gethan	tear, déchirer	tore	torn	abbellisco abbellisci. abbellisci | Que j'embelli[sse]
лечить, guérir	лечу.		tragen, porter.	trug	getragen	tell, dire.	told		abbellisce | che io abbelli[sca]
клеить, coller.	клею		treiben, pousser	trieb	getrieben	think, penser	thought		abbelliscono - abbellisca[no]
мыслить, penser	мыслю.		treten, marcher.	trat	getreten	throw, jeter.	threw	thrown	aprii ou apersi, j'ouvri[s]
обмануть, tromper.	обману.		trinken, boire	trank	getrunken	wear, porter	wore	worn	Apparire ; j'apparais. | j'apparus
роптать, murmurer	ропщу.		trügen, tromper	trog	getrogen	weep, pleurer	wept		apparisco. | apparvi
свистать, siffler.	свищу.		verderben, gâter.	verdarb	verdorben	wet, mouiller.	wet		coprire. je couvris, etc.
рыскать, courir	рыщу.		vergessen, oublier.	vergaß	vergessen	win, gagner	won.		io coprii ou copersi
хохотать, rire aux éclats.	хохочу.		waschen, laver.	wusch	gewaschen	wind, tourner	wound		cucire ; je couds, etc. | q. je couse,
лизать, lécher.	лижу.		werfen, jeter.	warf	geworfen	work, travailler	wrought		cucio, cuci | che io cucia
казать, montrer	кажу.		wissen, savoir.	wußte	gewußt	write, écrire.	wrote	written	dire ; je dis, etc. | je disais, etc.
резать, couper.	режу.		zwingen, forcer.	zwang	gezwungen	wring, tordre.	wrung		dico, dici, dice | diceva, etc.
бороть, vaincre	борю.								je dirais, etc | que je dise.
сыпать, verser.	сыплю.								direi, etc. | che io dica,
колебать, agiter	колеблю.								morire, je meurs, etc. je mourais,
смеяться, rire	смеюсь.								muoio, | moriva, etc.
ночевать, passer la nuit	ночую.								venire : vengo etc. | venni, etc.
малевать, peindre	малюю.								
совѣтовать, conseiller	совѣтую.								
рисовать, dessiner	рисую.								
ковать, forger	кую.								
торговать, commercer	торгую.								
толковать, expliquer	толкую.								
ласкать, caresser	ласкаю.								
касаться, concerner	касаюсь.								
трепетать, trembler	трепещу.								

Adverbes et loc[utions]

Nous distingu[ons]

Adverbes de [temps]

Russe		Allemand		Anglais	
сегодня,	aujourd'hui.	heute,	aujourd'hui.	to-day,	aujourd'hui
вчера,	hier.	gestern,	hier	yesterday,	hier.
третьяго дня,	avant-hier	vorgestern,	avant-hier.	the day before yesterday,	avant-hier
завтра,	demain.	morgen,	demain.	to-morrow,	demain
послѣ завтра,	après-demain.	übermorgen,	après-demain.	the day after to-morrow,	après-demain
на другой день,	le surlendemain.	am folgenden Tage,	le lendemain.	the next day,	le lendemain.
скоро.	bientôt.	der dritte Tag,	le surlendemain.	the third day,	le surlendemain
нынѣ,	maintenant.	bald,	bientôt.	soon, shortly,	bientôt.
теперь,	à présent.	jetzt,	maintenant.	now,	maintenant
всегда, всё,	toujours	immer,	toujours.	always, ever,	toujours.
никогда,	jamais.	nie, niemals,	jamais.	never,	jamais.
иногда,	quelquefois.	je, bisweilen,	quelquefois	sometimes,	quelquefois.
часто,	souvent.	oft, öfters,	souvent	often,	souvent
рѣдко,	rarement.	selten,	rarement.	now and then,	de temps en temps

jugaison.
hors de la 3e Conj. ne le sont (aux trois personnes du sing. l'impératif et au pré.
abbellire, embellir.

Verbes irréguliers à d'autres temps.

apriire, ouvrir.
aperto. ouvert.
apparaître.
apparu.
apparso ou apparito
couvrir.
couvert.
coperto.
coudre.
couds. | cousu.
cuci | cucito.
dire.
je dis, etc. | je dirai,
dissi dicesti | dirò, dirai,
dis. | dit.
di' | detto.
mourir.
je mourrai | mort.
morrò, | morto
venir.
verrò, etc. | venuto, etc.

conducir, conduire (et ses dérivés).

je conduis.	je conduisis.	q. je conduise	q. je conduisisse
conduzca.	conduje,	conduzca,	condujese

decir, dire (et ses composés).

je dis, etc	je dis, etc.	je dirai, etc	q. je dise, etc.
digo, dices	dije, dijiste	diré, dirás,	diga, digas.

dormir, dormir.

je dors, etc.	il dormit.	dormons.	q. je dormisse,
duermo,	durmio,	durmamos,	durmiese,

oir, entendre.

j'entends, etc.	q. j'entende.	q. j'entendisse	entends.
oigo, oyes,	oiga, oigas,	oyese, oyeses,	oye.

salir, sortir.

je sors, etc	je sortirai,	je sortirais,	q. je sorte,
salgo,	saldré	saldria,	salga,

venir, venir.

je viens,	je vins,	je viendrai	je viendrais,
vengo, vienes	vine, viniste,	vendré,	vendria,

Verbes à part. passé irrégulier.

abrir,	ouvrir.	abierto,	ouvert.
cubrir,	couvrir.	cubierto,	couvert.
decir,	dire	dicho,	dit
escribir,	écrire	escrito,	écrit.
hacer,	faire	hecho,	fait
poner,	mettre	puesto,	mis
ver, etc,	voir, etc.	visto, etc	vu. etc.

Verbes à double part. l'un rég., l'autre irrég.

atender,	faire attention	atendido,	atento.
contraer,	contracter.	contraido	contracto.
despertar	réveiller.	despertado	despierto
erigir,	ériger.	erigido,	erecto.
poseer, etc.	posséder, etc.	poseido;	poseso. etc.

corromper corrompre.	corrompido,	corrupto
cobrir couvrir.	cobrido.	coberto.
concluir. conclure.	concluido,	concluso
despertar réveiller	despertado,	desperto.
defender défendre.	defendido	defêso
diffundir répandre.	diffundido,	diffuso
elegir élire	elegido.	eleito.
erigir ériger	erigido	erecto.
ganhar gagner.	ganhado.	ganho.
gastar, dépenser.	gastado,	gasto.
livrar livrer.	livrado,	livre.
morrer mourir.	morrido.	môrto
omittir omettre.	omittido.	omisso.
pagar payer.	pagado,	pago
prender, prendre,	prendido,	prêso,
querer vouloir.	querido	quisto
romper rompre	rompido,	rôto.
soltar, délier.	sôltado,	sôlto.
torcer, tordre.	torcido	torto
tingir, teindre.	tingido.	tincto.

tions adverbiales.

rous les adverbes ou:

temps.

Italien.		Espagnol.		Portugais.	
oggi,	aujourd'hui.	hoy,	aujourd'hui	hoje,	aujourd'hui.
ieri,	hier.	ayer	hier.	hontem,	hier.
ieri l'altro,	avant-hier	anoche,	hier au soir	antehontem,	avant-hier.
domani	demain.	anteayer.	avant-hier.	amanhã,	demain
domattina,	demain matin	mañana,	demain.	depois d'amanhã,	après-demain
dopo domani,	après-demain.	mañana por la mañana	demain matin.	o dia seguinte,	le lendemain.
l'indomani,	le lendemain.	pasado mañana,	après-demain	o dia depois d'amanhã,	le surlendemain.
posdomani,	le surlendemain	el dia siguiente,	le lendemain.	logo,	bientôt
ben presto, fra poco,	bientôt.	dos dias despues,	le surlendemain.	ora, agora,	maintenant.
adesso, ora,	maintenant.	luego, pronto,	bientôt.	sempre	toujours.
sempre,	toujours.	ahora, al presente,	maintenant	nunca,	jamais.
giammai,	jamais	siempre,	toujours.	as vezes, algumas vezes,	quelquefois
talvolta, qualque volte,	quelquefois	nunca, jamas,	jamais.	a miudo, muitas vezes,	souvent
spesso, sovente,	souvent.	a menudo, muchas veces,	souvent.	raras vezes,	rarement.

по временамъ,	de temps en temps.	nur...	ne... que...	seldom,	rarement.
уже,	déja.	schon,	déja.	alreaday,	déja.
послѣ,	après.	von Zeit zu Zeit,	de temps en temps	first,	d'abord.
потомъ,	ensuite	nachher,	après.	after,	après.
еще,	encore	sodann, folgends,	ensuite.	afterwards, next,	ensuite.
прежде,	auparavant, avant	noch,	encore.	again,	de nouveau.
рано,	de bonne heure.	vor, zuvor,	auparavant, avant	before,	avant.
поздно,	tard.	früh,	de bonne heure.	early,	de bonne heure.
нѣкогда,	autrefois.	spät,	tard.	late,	tard.
вдругъ,	tout d'un coup.	ehemals, vor Zeiten, sonst,	jadis, autrefois.	formerly,	autrefois, jadis.
тотчасъ,	tout-à-l'heure.	sogleich, auf der Stelle,	sur-le-champ.	immediately,	sur-le-champ.
когда,	quand.	gleich,	tout à l'heure.	by and by,	tout-à-l'heure
тогда,	alors.	so eben,	il n'y a qu'un instant	but just now,	il n'y a qu'un instant
недавно,	dernièrement	wann, wenn,	Quand.	when,	Quand.
на канунѣ,	la veille	damals, dann,	alors.	then,	alors.
давно,	depuis longtemps.	kürzlich, neulich,	récemment.	still, yet,	encore.
впредь,	dorénavant.	früher oder später,	tôt ou tard.	lately,	dernièrement
по нынѣ,	jusqu'à ce jour.	seitdem,	depuis ce temps.	ago,	il y a. passé.
долго,	longtemps.	zeitlich,	à temps.		
дома, домой (mouv.).	chez soi				
пока,	tandis.				

Rem. Le génitif des noms de temps s'emploie aussi adverbialement.

Ex:

morgens,	le matin
abends,	le soir
mittags,	à midi.
nachts,	nuitamment
Künftighin,	dorénavant
bisher	jusqu'à présent
von Tag zu Tag,	de jour en jour

Adverbes de

здѣсь,	ici.
сюда,	ici (mouv.).
тамъ,	là.
туда,	là-bas (mouv.)
гдѣ?	où?
отсюда,	d'ici
оттуда,	de là
вездѣ,	partout.
нигдѣ,	nulle part
гдѣ-нибудь,	quelque part
внизу,	en bas.
сверху,	en haut.
впереди,	devant, en avant
позади,	derrière, en arrière
внутри,	à l'intérieur, dans
внѣ,	dehors.
снаружи,	de l'extérieur.
далеко,	loin
издали,	de loin.

hier, ici. da, là. dort, là-bas. wo? où? marquent le repos. Ex: sie ist hier, da, dort. elle est ici, là, là-bas. Wo sind wir? où sommes nous?

Mais les particules hin et her donnent l'idée de mouvement et s'emploient, soit séparément avec les verbes, ou bien se combinent avec d'autres mots. Ex: Wo gehen Sie hin? Où allez-vous? Wo kommen Sie her? D'où venez-vous? Par l'exemple ci-dessus on voit que hin marque un mouvement d'éloignement de la personne qui parle, et her un mouvement qui s'en rapproche.

Voici quelques composés de hin et de her avec d'autres particules:

hinein }	hinauf }	hinaus }
herein }	herauf }	heraus }
hinab }	hinüber }	hinunter }
herab }	herüber }	herunter }

Kommen Sie doch herunter (herab) Descendez donc (vers moi qui suis en bas).
Steigen Sie hinunter. Descendez (quittez-moi pour descendre).
Herein! (forme elliptiq.) entrez!

here, ici – hither, ici (mouv.)	
there, là – thither, là, y (mouv.)	
hence, d'ici | thence, de là.	
here and there, çà et là.	
above,	au-dessus.
up, upward,	en haut.
below, beneath,	au-dessous.
down, downward,	en bas.
before, forward,	en avant
back, backward,	} en arrière.
behind;	} en arrière.
in,	dedans, en dedans.
inside,	au dedans.
out,	dehors.
outside,	au dehors.
where,	où. (repos).
whither,	où (mouv.)
whence,	d'où.
somewhere, anywhere,	quelque part

dirado, rare volte, rarement.
già, diggià, déjà,
di quando in quando, de temps en temps
dopo, après.
in seguito, ensuite.
ancora, encore
prima, innanzi, avant.
per tempo, de bonne heure.
tardi, tard.
altre volte autrefois.
subito, sur-le-champ.
a momenti, de suite.
fra poco, fra breve, tout à l'heure
poco fa, il n'y a qu'un instant
quando, quand.
poi, poscia, puis, après.
ultimamente, dernièrement.
non è gran tempo. d°
ormai, désormais.
quanto prima, au plus tôt.
sin da ora, dès à présent.
da qual tempo, dès lors.
per l'avvenire, di qua avanti } dorénavant
fin ora, sin ora, jusqu'à présent
presto o tardi, tôt ou tard.

algunas veces, quelquefois.
raras veces, rarement.
ya, déjà.
de cuando en cuando, de temps en temps
despues, ensuite, après.
todavia, encore.
antes, auparavant, avant.
temprano, de bonne heure
tarde, tard
antiguamente, en otro tiempo } autrefois.
luego, de seguida, sur le champ
en un instante, tout à l'heure
poco ha, depuis peu
cuanto, quand.
entonces, alors.
ultimamente, dernièrement
desde ahora, désormais.
de aqui en delante, dorénavant
antemano, d'avance.
despacio, lentement
de repente, tout à coup.

ja agora, déjà.
depois, après.
ainda, encore
antes, avant
cêdo, de bonne heure.
tarde, tard.
outrora, autrefois.
em breve, tout à l'heure.
quando, quand.
então alors.
desde então, dès lors.
pouco ha, recentemente } dernièrement.
ja, immediatamente, sur-le-champ.
d'ora avante, dorénavant
d'ahi a alguns dias, dans quelques jours.

Lieu.

qui, qua, costì, ici.
di qui, d'ici.
quaggiù, ici-bas.
lassù, là-haut
là, colà, là-y
laggiù, là-bas.
qua e là, çà et là.
ove, dove, où.
donde, di dove, d'où.
di sopra, dessus.
di sotto, dessous.
in su, in alto, en haut
in giù, en bas.
in dietro, en arrière
davanti, devant
dentro dedans
fuori, fuora, dehors
circa, intorno, environ
lontano, lungi, loin.

aqui, ici (repos). acá, ici. (mouv.t)
ahi, alli, là (repos). allá, là (mouv.t).
de aqui, de acá, d'ici.
aqui abajo, ici-bas.
aqui y alli, ça et là.
por aqui, por allá, par ici, par là
donde, où (rep.), a donde, où (mouv.t)
de donde, por donde, d'où, par où.
sobre, encima, dessus.
bajo, debajo dessous.
de arriba, d'en haut
de abajo, d'en bas.
delante, detras, devant, derrière.
hacia adelante, en avant.
hacia atras, en arrière.
dentro, adentro, dedans.
por dentro, en dedans.
fuera, hacia fuera, dehors, en dehors
cerca, près | lejos, loin

aqui, cá, ici.
lá, alli, acolá, là.
cá e lá, çà et là.
aquem, en deçà.
alem, au delà
onde, où
d'onde, d'où
de cima, sobre, em cima } dessus.
debaixo, baixo, dessous
arriba, en haut.
debaixo, en bas
avante, avant, en avant
atras, arrière, en arrière
dentro, dedans.
fora, dehors.
perto, près, auprès.
longe, loin.
por toda parte, partout.

близко, près.
вокругъ, autour.
вдоль, le long de.
въ другомъ мѣстѣ, ailleurs.
на право, à droite.
на лѣво, à gauche.

außen, draußen, hors, dehors.
innen, drinnen, inwendig, en dedans.
oben, droben, en haut
unten, drunten, en bas.
vorn, devant. | hinten, derrière.
drüben, en face, de l'autre côté.
anderswo, ailleurs.
irgendwo, quelque part.
nirgends, nulle part.
ringsum, tout autour.
weit und breit, au loin, à la ronde
unterwegs, en chemin
nah, nahe, près, proche
links, à gauche | rechts, à droite.
stracks, en droite ligne, directement.

about, de tous côtés, en rond.
far, loin, au loin.
near, près, auprès.

Rem. De même que les particules allemandes hier, da, wo, particules anglaises here, there, where expriment le repos. Ex.

he is here, there | where are yo[u]
il est ici, là. | Où êtes vo[us]

tandis que hither, hence, whither et whence marquent le mouvem[ent]

Come hither | let us go hence.
venez ici. | sortons d'ici.

whither do you go?
Où allez-vous?
whence come you?
d'où venez-vous?

Adverbes de manière

Formation.

Les adverbes sont pour la plupart dérivés.

soit de substantifs à l'instrumental. кругъ, cercle: кругомъ, en cercle, en rond, etc.

soit d'adjectifs à désinence apocope ou courte (genre neutre). Ex. тайный, secret, clandestin: тайно, en secret, secrètement; приятно, agréablement; громко, à haute voix, etc.

soit enfin d'adjectifs précédés de particules prépositives. Ex. по-дружески, amicalement, en ami; по-французски, en français.

Comparatifs. Diminutifs et Augmentatifs.

Ils se forment comme dans les adjectifs. Ex.:

умно, sagement, sensément.
умнѣе, plus sagement.
умненько, peu sagement.
преумно, avec beaucoup d'esprit.

хорошо, bien.
дурно, худо, mal.
посредственно, médiocrement
очень, весьма, très.
вполнѣ, complètement, tout-à-fait

Formation.

Les adjectifs qualificatifs allemands ont également une signification adverbiale. Ex.

schwer, lourd - lourdement.
sanft, doux - doucement.
leicht, facile - facilement.

Comparatifs et superlatifs.

se forment au moyen des suffixes er, st, stens. Ex.

spät,	später,	spätest,
tard.	plus tard.	le plus tard.

On dit encore.

höchstens, am höchsten, aufs höchste, le plus haut.

Quelques comp. et sup. irréguliers.

gut bien,	besser mieux	am besten le mieux
viel beaucoup.	mehr plus,	am meisten le plus
bald bientôt	eher plus tôt,	am ehesten le plus tôt
gern volontiers,	lieber plus volontiers.	am liebsten le plus volontiers.

gut, wohl, schön, bien.
schlecht, übel, schlimm, mal
leidlich, erträglich, passablement
sehr, très
ganz, völlig, complèt., tout-à-fait
eher, lieber, vielmehr, plutôt.

Formation.

Les adverbes en anglais se forment au moyen du suffixe ly que l'on ajoute aux adjectifs ou à des partici[pes]

kind, bon. kindly, avec bonté
high, haut. highly, hautement
amiable, aimable amiably, aima[blement]
admiring, admirant, admiringly
decided, décidé decidedly, décid[ément]

Comparatifs et superlatifs

Quelques adverbes ont, comme l'adjectif, leur comparatif en er et leur superlatif en est.

soon,	sooner,	the soonest
bientôt.	plus tôt.	le plus tôt.

ceux en ly sont précédés de more plus, et de the most, le plus. Ex.

bravely, bravement
more bravely, plus bravement
the most bravely, le plus brav[ement]

Quelques comp. et sup. irrég.

well bien	better mieux	the best le mieux
ill-badly mal	worse pis-plus mal.	the worst le pis.
little peu	less, moins	the least le moins
much, beaucoup.	more plus.	the most le plus.

well, bien | ill, mal.

icino, près.
ovunque, ovunque, partout où
in là, jusque là.
ungo, le long.
ajipertutto, partout.
ltrove, ailleurs.
i verun luogo, nulle part.
l di là, au delà.
co qui, voici | eccolà, voilà.
disparte } à l'écart, à part.
i banda }
impetto, vis-à-vis, en face

en todas partes, partout.
en ninguna parte, nulle part
en alguna parte, quelque part
en otra parte, ailleurs.
al rededor, alentour.
mas aca, en deça.
mas allà, au delà.
hasta aqui, jusqu'ici.
hasta allà, jusque là.
enfrente, en face
à lo largo tout le long
aparte, à l'écart, à part

nenhures, } nulle part.
em parte alguma }
algures, quelque part.
n'outra parte, ailleurs.
em volta de, alentour, autour
até aqui, jusqu'ici.
em frente, vis-à-vis.

---

t de qualité.

Formation.

s adverbes en italien se forment des jectifs féminins auxquels on ajoute terminaison mente, ou de certains jectifs en o précédés d'une préposi. n. Ex:

rta, certaine, certamente, cert.t
idèle, fidèle, fidèlmente, fidèl.t
olce, doux, dolcemente, douc.t

ou

di certo, certainement.
di raro, rarement, etc.

omparatifs et superlatifs.

mme les adjectifs. Ex:

ttivamente, méchamment.
iu cattivamente, plus méchamm.t
più cattivamente, le plus d.o
ttivissamente, très méchamment.

mpar. et superl. irréguliers.

ne. meglio. il meglio. benissimo
ien. mieux. le mieux. ou ottimamente très bien.
ale. peggio, il peggio, malissimo
al. pis. le pis. ou pessimamente très mal.

---

ene, bien | male, mal.
assibilmente } passablement.
ufficientemente }
nolto, très.
mpitamente, complètement
ffatto, del tutto, tout-à-fait
uasi, presque.

Formation.

Les adjectifs qualificatifs suivis de la terminaison mente deviennent des adverbes. Ex:

facil, facilmente.
facile. facilement.
cierto, ciertamente,
certain. certainement.

Comparatifs et superlatifs.

se forment comme dans les adject. Ex.

doctamente, savamment.
mas doctam.te plus savam.t
el mas doctam.te le plus savam.t
doctisimamente, très savam.t

Irréguliers.

bien, mejor, optimamente
bien, mieux très bien
mal. peor pesimamente
mal pis. très mal.

Rem. Quand plusieurs adverbes se suivent dans une phrase, on ne donne la terminaison mente qu'au dernier. Ex:

defenderse valerosa y heroicamente, se défendre courageusement et héroïquement.

---

bien, muy bien, bien, très bien.
mal, muy mal, mal, très mal.
pasablemente, } passablement
suficientemente }
muy, très.

Formation.

Ainsi qu'en français, en italien et en espagnol les adverbes sont très d'adjectifs qualificatifs auxquels on donne la terminaison mente. Ex:

digna, dignamente,
digne, dignement.
feliz feliz mente,
heureux. heureusement.

Comparatifs et superlatifs.

(V. adjectifs).

eloquentemente, éloquemment
mais eloquentemente, plus d.o
muito eloquent.e, très d.o
et eloquentissimamente, d.o

Rem. Quand plusieurs adverbes se suivent, le dernier seul prend la terminaison adverbiale. Ex:

Elle puniu severa e até cruelmente todas as pessoas que....

Il punit sévèrement et même cruellement toutes les personnes qui....

---

bem, bien | mal, mal.
soffrivelmente, passablement.
muito, très.
completamente, complètement

лучше,	plutôt	nahe daran, im Begriffe,	près de	so, so,	passablement, doucement
крайне,	excessivement.	beinahe, fast,	presque	he is well, ill, so so.	il va bien, mal, tout doucement
чрезвычайно,	infiniment	ungefähr,	environ.	very,	très,
такъ,	ainsi.	so, auf diese Art,	ainsi, de cette façon	thoroughly,	complètement
даже,	même	kaum,	à peine.	quite,	tout-à-fait.
иначе,	autrement	außerdem,	en outre,	rather,	plutôt, un pe[u]
напрасно,	en vain.	auf ein mal,	à la fois.	nearly,	non loin, de
едва, чуть, лишь,	à peine, seulement.	zugleich,	en même temps.	almost,	presque, casi
какъ,	Comment.	nur,	seulement	about,	à peu près, env[iron]
зачѣмъ, почему,	pourquoi.	anders,	autrement	so, thus,	ainsi.
вмѣстѣ,	ensemble	Wie	Comment	hardly, scarcely,	à peine
какъ-нибудь,	à tout hasard	jedoch, doch,	cependant.	barely,	à peine, tout ju[ste]
по своему,	à sa manière	noch,	encore,	besides,	en outre,
слѣдовательно,	donc, par conséquent.	denn,	donc.	both,	à la fois.
нарочно,	à dessein.	Warum	pourquoi.	but, onlay,	seulement.
наугадъ,	à l'aventure	jedenfalls,	en tout cas	else, otherwise,	autrement
почти,	presque	allmählig,	peu à peu	how,	Comment.
по маленьку,	peu à peu, tout doucement	plötzlich,	soudainement	yet,	cependant.
такимъ образомъ,	de telle manière comme	zusammen,	ensemble.	still,	néanmoins, encore
вмѣсто,	au lieu de	übermäßig,	excessivement.	therefore,	donc.
подобно,	semblablement, pareillement.			why, wherefore,	Pourquoi?

Adverbes de

также,	aussi, pareillement.	eben so,	aussi, tout aussi.	as,	aussi,
столь, столько,	tant, autant.	so	si, tellement.	so,	si, tellement.
сколько,	combien	zu (devant un adj.) zu viel (d. un nom)	trop	too (devant un adj.) too much (dev. un nom)	trop
слишкомъ,	trop	wie, wie viel,	combien.	how, how much how many	combien
много,	beaucoup.	sehr, viel	beaucoup.	much, very much,	fort, beaucou[p]
мало,	peu	so viel, eben so viel,	tant, autant,	as much, so much,	tant, autant
довольно,	assez.	wenig,	peu.	little, a little,	peu, un peu.
около,	environ.	mehr	plus, davantage,	more,	plus.
вовсе,	tout-à-fait.	(der, die, das) meiste,	le plus.	the most,	le plus.
только,	seulement	weniger,	moins	less,	moins
больше,	plus.	(der, die, das) wenigste,	le moins	the least,	le moins
меньше,	moins.	genug (se place après le mot qu'il modifie), ziemlich,	assez.	enough,	assez (se place a[près] le mot qu'il modifie).

Adverbes

во-первыхъ,	premièrement.	erstens,	premièrement.	firstly,	premièrement.
во-вторыхъ,	secondement.	erstlich,	en premier lieu, d'abord.	at first,	d'abord.
прежде всего,	tout d'abord	zweitens,	secondement.	secondly,	secondement.
наконецъ,	enfin	letztens,	en dernier lieu.	last,	finalement
въ послѣдний разъ,	en dernier lieu.	letztlich,	finalement.	at last,	enfin.

alquanto,	quelque peu
presso a poco, all' incirca }	à peu près.
appena,	à peine
così,	ainsi.
di più	de plus.
da banda a banda,	d'outre en outre
insieme	ensemble.
solamente,	seulement
altrimente,	autrement
come, in che modo,	comment.
frattanto, tuttavia,	cependant
ancora,	encore.
nondimeno, non ostante }	néanmoins.
dunque, adunque,	donc.
perchè,	pourquoi.
addosso, indosso }	dessus, sur le dos.
anche,	aussi.
per ciò, per conseguenza, }	par conséquent

completamente,	complètement
del todo,	tout-à-fait
casi,	
poco mas ó menos,	à peu près.
apenas	à peine.
asi, de este modo,	ainsi.
ademas,	en outre.
junto,	ensemble.
solamente,	seulement.
de otro modo,	autrement
Como, de que manera }	Comment.
sin embargo,	cependant.
tambien,	aussi.
todavia	encore.
no obstante, con todo, }	néanmoins.
Por consiguiente,	par conséquent
pues,	donc.
porqué,	pourquoi
por lo demas,	au reste, au demeurant.

de todo, inteiramente, }	tout à fait.
quasi,	presque.
pouco faltou,	à peu près.
assim,	ainsi
alem d'isso,	en outre.
juntamente,	ensemble.
só, sómente,	seulement
diversamente, de outra maneira }	autrement.
como,	comment
entretanto, todavia, }	cependant
ainda	encore
comtudo, não obstante }	néanmoins
pois,	donc
por conseguinte,	par conséquent
porqué,	pourquoi.
tambem,	aussi.

quantité.

sì,	si, aussi.
troppo,	trop
quanto	combien, autant que
molto, assai,	beaucoup.
tanto, altrettanto,	tant, autant,
poco,	peu.
più,	plus.
meno,	moins
basta,	assez
abbastanza, sufficientemente, }	suffisamment
un tantino,	tant soit peu.

tan,	si, aussi.
demasiado, demas }	trop.
cuanto,	combien.
mucho,	beaucoup.
tan, tanto,	tant.
otro tanto,	autant.
poco,	peu.
mas,	plus.
menos,	moins
bastante, harto,	assez, suffisamment.
por poco que sea,	tant soit peu.

tão,	si, aussi,
demasiado,	trop.
quanto,	combien
mui, muito,	beaucoup.
tanto,	tant, autant.
mais,	plus.
ainda mais,	davantage.
pouco,	peu.
menos,	moins.
assas, bastante,	assez.
sufficientemente,	suffisamment.

d'ordre.

primamente,	premièrement.
secondariamente,	second^t
da prima,	d'abord
ultimamente,	dernièrement.
finalmente,	finalement.

primeramente,	premièrement.
en primer lugar,	en premier lieu
segundamente	secondement
ultimamente, por ultimo }	en dernier lieu.

primeiramente,	premièrement.
segundariamente,	second^t
ultimamente,	dernièrement
por fim,	finalement
alfim, emfim,	enfin.

Adverbes d'affirmation

Russe		Allemand		Anglais	
да,	oui,	ja, jawohl,	oui — oui, certes.	yes,	oui,
въ самомъ дѣлѣ,	en effet,	doch, ja doch,	si, si fait — mais oui.	ay ou aye (aï)	oui.
дѣйствительно,	effectivement.	fürwahr, wahrlich,	certes, vraiment.	just so,	oui, précisément.
конечно,	certainement.	freilich,	à dire vrai, à la vérité.	by all means	} absolument,
точно,	en effet, c'est vrai	ja freilich,	oui certes, en effet.	absolutely,	
непремѣнно,	absolumt, immanq	ohne Zweifel,	sans doute.	truly,	vraiment
безъ сомнѣнія,	sans doute.	außer Zweifel,	indubitablement.	indeed,	en vérité.
можетъ быть,	peut-être	zweifellos,	hors de doute.	undoubtedly,	sans doute
по крайней мѣрѣ,	au moins	sicherlich, gewiß,	certainement	to be sure,	assurément
единственно,	uniquement.	ganz gewiß,	bien certainement	certainly,	certainement
кромѣ,	excepté, outre.	zuverlässig,	assurément	likely,	vraisemblablement
какъ-то,	comme.	durchaus,	absolument.	of course,	naturellement
напротивъ,	au contraire.	allerdings,	de toute façon.	faith.	ma foi.
именно,	savoir, à savoir	wahrscheinlich,	probablement	possibly,	} peut-être.
то есть,	c'est-à-dire.	vermutlich,	selon toute apparence	perhaps,	
напримѣръ,	par exemple	in der That,	en effet.	may be	
несомнѣнно,	indubitablemt.	zufällig,	par hasard.	probably,	probablement.
		vielleicht.	peut-être.		

Russe		Allemand		Anglais	
нѣтъ,	non,	nein,	non,	no,	non.
не такъ,	pas ainsi,	nicht,	ne... pas.	nay, (nē),	non.
никакъ,	aucunement.	durchaus nicht,	pas du tout.	noways,	nullement
нисколько,	pas le moins du monde	ganz und gar nicht,	pas le moins du monde	not	ne... pas
совсѣмъ нѣтъ,	point du tout.	keineswegs,	en aucune façon.	not at all	point du tout,
		mit nichten,	nullement.	by no means,	aucunement

Russe — Allemand. — Anglais

Prépositions et locutions

Les prépositions en russe et en allemand régissent tel ou tel cas, nous les donnerons donc dans l'ordre suivant — Prépositions qui régissent le: — Génitif —

— Génitif — (russe)		— Génitif — (allemand)	
безъ,	sans	halb (a),	du côté de, par rapport à.
вдоль,*	le long de	außerhalb (a)	à l'extérieur de.
вмѣсто,*	au lieu de, à la place de	innerhalb, (a)	à l'intérieur de
внутри,*	dedans, en dedans.	oberhalb, (a)	au-dessus de
внѣ,*	hors de, en dehors de.	unterhalb, (a)	au-dessous de
возлѣ,*	à côté de, auprès de.	diesseits,	en deçà, de ce côté-ci.
для,	pour.	jenseits,	au delà, de ce côté-là.
до	jusqu'à	kraft,	en vertu de
изъ,	de	laut,	conformément à
изъ-за	de derrière.	mittelst,	} au moyen de.
изъ-подъ,	de dessous	vermittelst,	
кромѣ,*	excepté, hormis, sauf.	statt, anstatt,	au lieu de, à la place de

Quant aux langues anglaise, ... tives dans l'ordre alphabéti...

about,	autour, vers, au sujet de
after,	après, d'après.
against,	contre.
amongst,	parmi.
at,	à (repos)
to,	à (mouvt).

at our house, chez nous
were you at home?
Étiez-vous chez vous?
I was at my uncle's.
j'étais chez mon oncle (sous entendu, dans sa maison).
I was going to the physician
j'allais chez le médecin —

de négation et de doute.

si,	oui.	si,	oui.	sim,	oui.
si davvero,	oui, vraiment.	si, eso si,	oui, oui sans doute	certamente,	assurément
certo, sicuro,	certes, sûrement.	cierto	certes.	por certo,	certes
in fatto, in fatti,	en effet.	ciertamente	certainement	verdadeiramente,	vraiment
davvero,	en vérité.	por cierto		effectivamente,	en effet.
certamente,	certainement	seguramente,	sûrement	com effeito	
sicuramente,	assurément.	por cierto,	pour sûr.	na verdade,	en vérité.
assolutamente,	absolument	indudablemente,	indubitablt.	ordinariamente,	en général,
positivamente,	positivement.	verdaderamente,	vraiment	absolutamente,	absolument
senza dubbio,	sans doute.	sin duda	sans doute.	sem duvida	sans doute.
verisimilmente,	vraisemblablemt.	indudablemente,	d°.	seguramente	
appunto,	exactement, c'est cela	de acuerdo,	d'accord.	embora,	à la bonne heure
a caso,	par hasard.	en hora buena,	à la bonne heure	talvez, pode ser,	peut être
forse, può essere,	peut être	quizas, puede ser,	peut être.	acaso, por ventura,	par hasard
probabilmente,	probablement.	tal vez	par hasard.	provavelmente,	probablement.
		sin falta,	sans faute.		
		probablemente,	probablement.		

no	non,	no,	non.	não,	non
non,	non. ne.	de ningun modo,	nullement en aucune façon	absolutamente não,	point du tout
punto,	point,	de ninguna manera		de modo algum,	en aucune façon
niente affatto,	point du tout.	tampoco,	non plus.	de nenhuma maneira,	
in modo alcuno,	nullement.				nullement.

Italien — Espagnol. — Portugais

prépositives.

italienne, espagnole et portugaise nous donnerons leurs principales prépositions et locutions préposi-
que des mots.

a ou ad,	à, sur, contre.	á,	à.	a,	à.
a cagione,	à cause de.	ademas de,	outre.	afóra,	hormis,
accanto		á pesar de,	malgré, en dépit de	alem disso,	excepté.
vicino al	auprès,	antes,		ante,	
presso del	à côté de.	ante,	avant, devant.	antes de,	avant, devant.
allato al		delante,		perante,	
al di là	au delà	cerca,	environ, autour.	acima de,	en haut,
al coperto,	à l'abri.	acerca,		para cima de,	au haut.
con,	avec	en las cercanias,	aux environs	em cima,	sur.
contro,	contre.	con,	avec	por cima de	dessus.
circa,	environ, touchant	con peligro de,	au péril de.	de cima de,	de dessus, d'en haut
da	de-chez-à-par.	con perjuicio,	au préjudice	após,	après, derrière.
di,	de	contra,	contre.	atravez de,	à travers.

мимо,* devant, par devant.
напротивъ,* vis-à-vis, en face de.
около,* autour de, environ.
окрестъ,* aux environs de.
опричь,* excepté, hormis, sauf.
отъ, de, depuis, de chez.
поверхъ,* sur, par dessus.
подлѣ,* auprès de.
позади,* derrière, en arrière.
послѣ,* après.
прежде,* avant.
противъ,* envers, contre.
ради, pour l'amour de.
сверхъ,* au dessus de.
среди,* au milieu de.
у, chez, auprès de.

Rem. Les mots marqués d'un astérisque* sont à la fois prépositions et adverbes.

кланяйтесь ему отъ меня. Saluez-le de ma part.

Génitif et instrumental.

между,* межъ, entre, parmi.

Génitif, Accus. et inst.

съ, (génit.) de, depuis, d'après.
съ, (acc.) environ, près de.
съ, (inst.) avec.

Datif.

къ, chez, vers, à, du côté de.
вопреки,* en dépit de, malgré.

я имѣю къ нему отвращеніе. J'ai de l'aversion pour lui.

Datif. Accus. et locatif.

по, (dat.) par, en, sur.
по, (acc.) jusque.
по, (loc.) après.

Accusatif.

про, pour, de, sur.
сквозь, à travers, par
чрезъ ou черезъ, à travers, dans.

я пойду въ Парижъ черезъ Берлинъ: j'irai à Paris par Berlin.

Accus. et Inst.

за, au delà, derrière, après, par.
подъ, sous, au dessous.
предъ ou передъ, devant.

Obs. Ces prépositions demandent l'accusatif quand il y a mouvement vers un objet, et l'instrumental quand il y a repos.

выйти за городъ, aller hors de la ville
жить за городомъ, demeurer aux portes de la ville

ungeachtet, malgré.
unweit, unfern, non loin de.
um willen, pour l'amour de.
während, pendant, durant.
wegen, à cause de.
vermöge, au moyen, par.

Ex. Kraft des Gesetzes: en vertu de la loi.
alles dessen ungeachtet malgré tout cela.

Génitif et Accusatif.

entlang, längs, } le long de.
trotz, malgré, en dépit de.
zufolge, suivant, par suite de.

Datif.

aus (idée de sortie) de, hors de.
außer, excepté, hormis.
bei (sans mouv.) chez, auprès de.
binnen, dans l'espace de
entgegen, au devant de, contre.
gegenüber, vis-à-vis.
gemäß, conformément.
mit, avec.
nach, après, d'après.
nächst, zunächst, près de.
nebst, outre, avec.
sammt, avec.
seit, depuis.
von (mouv. éloigt.) de, par.
zu (avec mouv.), chez, à.
zuwider, contre, contraire à.

Ex. er war bei mir, il était chez moi.
Kommen Sie zu mir, Venez chez moi.
Ich komme von Berlin, Je viens de Berlin.

Datif et Accusatif.

an, à
auf, sur.
hinter, derrière.
in, dans.
neben, à côté de
über, au dessus de
unter, sous, entre,
vor, avant, devant.
zwischen, entre.

Rem. Ces prépositions gouvernent l'accusatif …

around, round } autour de.
according to, selon
at the rate of, à raison de.
as for, as to, } quant à
above, au dessus de
across, à travers.
along, le long de
amid, amidst } au milieu de
before, devant, avant.
behind, derrière.
below, beneath } au dessous de
beside, à côté de, près de
besides, outre, en outre.
between, entre
by, par, chez, près.
by virtue of, en vertu de.
by dint of, à force de.
by means of, au moyen de.
beyond, au delà de.
close to, tout près de
concerning, concernant
considering, vu, attendu.
down, en bas de.
except, excepté, hormis.
during, durant.
ere (é) avant.
even with, au niveau de.
for, pour
for fear of, de crainte de.
from, de, depuis, dès.
for want of, faute de.
far from, loin de.
in (repos), dans.
into (mouv.), dans.

I was in the garden, j'étais au jardin
I went into the garden j'allai dans le jardin.

in consequence of, par suite de
in order to, afin de
in spite of, en dépit de
instead of, au lieu de.
near, près de.
for the sake of, pour l'amour de
in consideration of, en considération
in respect of, sous le rapport de
notwithstanding, malgré.

viene da Parigi,
il vient de Paris.
Luigi è da mio padre.
Louis est chez mon père.
passerò da Berlino.
je passerai par Berlin.
dietro, derrière.
dinanzi, } — devant.
davanti, }
di qua, } en deça.
da questa parte, }
dirimpetto à, } en face de
in faccia a, } vis-à-vis de
dopo, après.
dentro, } — dans, dedans.
entro, }
durante, durant
eccetto, excepté, hormis
fra, tra, entre, parmi.
fuori di hors de
innanzi, } — avant.
prima, }
in casa, chez
in, dans.
incontro a noi, au devant de nous
in mezzo della, au milieu de la
intorno, autour.
lungo, le long de.
lungi, loin, au loin
malgrado, malgré.
mediante, moyennant.
oltre, outre, de plus.
per, par, pour,
per rispetto ai } à l'égard de
in quanto ai, }
per di dentro, } au dedans de nous
entro di noi, }
salvo, sauf
senza sans.
secondo, selon
sotto, sous
sopra, su, sur
sino, fino, jusque
verso, vers.

---

vo a Roma : je vais à Rome.
andare a la volta di Londra
aller du côté de Londres.
circa alla condotta, quant à la conduite.
contro al destino, contre le destin.
entro a due mesi, d'ici à deux mois

de, de
desde, dès, depuis.
debajo de sous, dessous.
por debajo del, par dessous du.
despues, après.
durante, } — durant.
mientras, }
en, en, dans.
enfrente del, vis-à-vis, en face
entre, entre, parmi.
en casa chez
excepto, excepté
en cuanto à, } Quant à,
con respecto à } touchant le,
por lo tocante à }
junto à, près de, auprès.
hacia, vers.
hasta, jusque.
para, por, pour
par, par.
Salgo para Madrid,
je pars pour Madrid.
Lo sé por esperiencia,
je le sais par expérience.
para con, envers, à l'égard de
salvo, sauf
segun, selon,
sin, sans
sin saberlo, à l'insu,
sobre, } — sur, dessus.
encima de, }
por encima del, par dessus le
tras, } derrière,
detras de, } après.
a espaldas del } derrière le.

---

voy à Castilla, je vais en Castille
vengo à hablarte, je viens pour te parler
ante todas cosas, avant tout.
antes del dia, avant le jour.
con vencer concluyo la guerra,
en vainquant il termina la guerre.
no hai remedio contra la muerte
il n'y a pas de remède contre la mort.
mi primo viene de Ginebra,
mon cousin vient de Genève
trabajar de sastre, travailler comme tailleur
desde Paris hasta Ambéres.
de Paris à Anvers.
dentro de ochos dias,
d'ici à huit jours.

atraz de, } — derrière,
detraz de, }
para traz de }
além de, au-delà
a' quem de, au-deça
a respeito de, } concernant,
acerca de, } à l'égard,
até a, jusqu'à.
a' roda, }
em torno de, }
em roda, } — autour de.
a volta de, }
ao redor de }
apesar de, malgré.
abaixo de, } — en bas.
debaixo de } au-dessous.
cerca de, près, auprès.
com, avec.
contra contre.
como amigo, en ami.
diante de } avant,
por diante de } devant.
d'aqui por diante, à l'avenir
de, de
desde, dès, depuis.
defronte de, vis-à-vis- en face de
depois de, après, depuis.
daqui a pouco, en peu de temps.
durante, durant, pendant
eis, eis aqui, voici,
eis ahi, eis ali, voilà.
em favor de, en faveur de
em casa, chez
venho de minha casa ou de casa
je viens de chez moi.
fora de, hors de.
em, en, dans.
junto de, } — auprès de
ao pé de }
para, por, pour, par.
Irei para tua casa ou a tua
casa; j'irai chez toi.
isto esta por alimpar.
Ceci est à nettoyer.
para com, envers, à l'égard de
perto de, } près de
proximo de } environ
no meio de } parmi,
entre, } au milieu de.
para que, afin de
quanto a, quant à, touchant
salvo, excepto, sauf.

Accus.t et Locatif.

въ, en, dans, à.
на, sur, contre
о ou объ, de, autour, contre.

Obs. Les prépositions demandent l'accusatif quand il y a changement de lieu et le locatif quand il n'y a pas mouvement.

Ex. вести скотину на водопой
mener le bétail à l'abreuvoir (acc.).
рана на рукѣ (l.) une blessure au bras.

Instrumental.

надъ ou надо, au-dessus de.

Locatif.

при, auprès de, sous le règne de.

Птицы летали надъ рѣкою
Les oiseaux volaient sur la rivière.

при республиканскомъ правленіи. Sous le gouvernement de la république.

---

lorsque le verbe de la proposition marque un mouvement, et le Datif, dans le cas contraire. Ex.
legen Sie das Buch auf den Tisch
mettez le livre sur la table (acc.)
das Buch liegt auf dem Tische
le livre est sur la table (dat.)

Accusatif.

durch, par, à travers.
für, pour.
gegen, contre
ohne, sonder, sans.
um, autour de
wider, contre.

Rem. I. Les prépositions précèdent en général leur régime; quelquefois elles le suivent. Ex:
unweit des Schlosses,
non loin du château.
er wohnt dem Schlosse gegenüber,
il demeure vis-à-vis du château.

II. Certaines prépositions se contractent avec l'article défini. Ex.

am pour an dem	vom pour von dem
ans — an das	fürs — für das
zum — zu dem	beim — bei dem
zur — zu der	durchs — durch das

---

of, de
on account of, à cause de
off, loin de, hors de.
on, upon, sur.
over, par-dessus.
out of, hors de.
past, après, au-delà.
since, depuis.
till, untill, jusqu'à.
through, à travers de.
through out, d'un bout à l'autre
regarding, respecting, } quant à, touchant.
up, en haut de, en montant
with, avec.
without, sans, hors de.
within, au dedans de.

---

his children were about him
ses enfants étaient autour de lui.
he sat by the river.
il était assis tout près de la rivière.
they gave sentance for us.
Ils se prononcèrent en notre faveur.

Conjonctions et

ни, ni.
или, ou
а, et, mais.
да, et, mais, que
и, et, même, aussi,
но, mais.
нежели ou чѣмъ, que (après un comp.)
когда, quand, lorsque.
если ou ежели, si (condit.)
также, aussi.
ибо, car.
такъ какъ, attendu, puisque
какъ et какъ-то, comme, ainsi que.
что, que
чтобы ou чтобъ, } que, afin que, pour.
дабы, afin que, pour que
пусть, que (avec l'impér.)
хотя бы, quand même.
хотя, quoique
для того что, потому что } parce que.

weder, ni,
oder, ou
und, et
aber, allein, sondern } mais.
als, lorsque, que (après un comp.)
wann, quand.
wenn, si (condition.)
ob, si (dubitatif)
so, aussi.
denn, car
da, comme, puisque
wie, comme.
daß, que, (après un verbe).
damit, afin que, pour que
ehe, bevor } avant que.
bis, jusqu'à ce que
indem, pendant que, en.
nachdem, après que.
seitdem, depuis que.

neither, ni.
either, ou.
and, et
both... and... et... et...
but, mais, seulement, ne...
than, que (après un comp.
when, quand, lorsque
if, si. (cond.l).
whether, si, soit que
also, aussi,
for, car
as, comme, que,
as if, comme si,
as soon as, dès que,
as long as, tant que.
as often as, aussi souvent que
as much as, autant que
whenever, toutes les fois que
that, que,
in order that, afin que
before, ere (2) } avant que.

é partito con mio zio.
il est parti avec mon oncle.

percuotere col piede, frapper du pied.
dietro alla casa, derrière la maison.
lo amò dinanzi agli altri suoi figli
il l'aima plus que ses autres enfants.
dopo di lei, après vous.
fino alla città, jusqu'à la ville.
uscire di casa, sortir de la maison.
dissero fra di loro,
ils dirent entre eux.
in sulla sera, vers le soir.
fuori dell'uso, hors d'usage.
andrò all'incontro di lui.
j'irai à sa rencontre.
lungo la spiaggia, le long de la plage.
oltre le sue forze, au dessus de ses forces.
presso di me, près de moi.
andremo sino ou fino Cadice.
nous irons jusqu'à Cadix.
passerò per Friburgo, pass. p. Fribourg
lo prendo su di me, je le prends sur moi.

despues de sus dias.
après sa mort.
encima de la mesa, sur la table.
estar fuera de juicio,
être hors de bon sens.
mi padre vive en Nápoles
mon père vit à Naples.
le mató en venganza del ultraje
il le tua pour se venger de l'outrage.
entre el jardin y la casa.
entre le jardin et la maison
hacia medianoche, vers minuit.
hasta no mas,
jusqu'à n'en pouvoir plus.
segun las circunstancias,
selon les circonstances.
sin razon, à tort.
ir sobre alguno, suivre de près.
escribir carta sobre carta,
écrire lettre sur lettre.
echar la soga tras el caldero.
jeter le manche après la cognée.
tras los montes, derrière les monts.

segundo, conforme, } selon, suivant.
sobre, sur.
sób, sous.

vaes ao jardim? vas-tu au jardin?
virei ás seis horas, je viendrai à 6 h.
elle mora alem do rio.
il demeure au-delà de la rivière.
um após outro, l'un après l'autre.
alegrou-se com a sua chegada.
il s'est réjoui de son arrivée.
ella gosta de estar sentada.
elle aime à être assise.
Carlos reside em Londres
Charles demeure à Londres.
foi encontrado entre os mortos
il fut trouvé parmi les morts.
veio sem o seu amigo.
il vint sans son ami.
falle-lhe sobre o assumpto
parlez-lui à l'égard de cela.
perto de um milhão, environ un million.

Locutions conjonctives.

nè, ni.
o, ovvero, ossia, oppure } ou.
ma, mais, aussi] e. ed. et.
neppure, non plus
quando, quand.
se, si.
se non che, si ce n'est que.
anche, aussi
perciocchè, car, comme.
come, siccome, comme.
che, que.
affinchè, perchè, afin que, pour que
avanti chè, avant que.
finchè, jusqu'à ce que.
mentre che, pendant que.
dopo che, après que.
dappoi che, depuis que
perocchè, parce que
benchè, sebbene, bien que
tosto che, subito che, } aussitôt que, dès que.

ni; ni.
y, é, et
o, ou
pero, mas, mais
cuando, quand
si, si
tambien, aussi.
pues, car.
como, comme
que, que
para que, pour que
afin de que, afin que.
antes que, avant que
hasta que, jusqu'à ce que
mientras que, entretanto que } pendant que
porque, parce que
aunque, bien que } quoique, bien que.
á menos que, à moins que
no .... ni ... ni .... ni ...
ya ... ya ... tantôt, ... tantôt.

nem, ni.
e, et
ou, ou
mas, mais.
quando, quand
se, si
como se, comme si.
tambem, aussi.
como, comme.
que, que.
para que, pour que
antes que, primeiro que, } avant que.
pelo que, porque, } parce que
posto que, ainda que, } quoique.
nem ... nem ... ni ... ni ...
quer ... quer ... que ... que ...
ja ... ja ... ora ... ora ... } tantôt ... tantôt
já que, vu que.

Russe.

сколь... ни,	quelque... que
лишь только,	à peine, aussitôt que
сего ради,	c'est pourquoi.
того ради,	c'est pourquoi.
слѣдовательно,	donc, par conséquent.
итакъ,	ainsi
ни.... ни,	ni.... ni...
или... или...	ou.... ou...
либо... либо...	soit.... soit...
не только..... но и	non seulement..... mais encore..
чѣмъ... тѣмъ	..plus.... plus...
впрочемъ,	au reste, au surplus
будто ou будто бы	que, comme si.
то,	alors, donc
же ou жъ,	donc, même
ли ou ль	est-ce que
однако,	cependant, pourtant
правда,	il est vrai que.
только,	seulement, ne... que
то.... то...	tantôt.... tantôt..

онъ ни пьётъ, ни ѣстъ.
il ne boit ni ne mange.

или вы не умѣете, или не хотите этого сдѣлать.
ou vous ne savez pas, ou vous ne voulez pas faire cela.

читать и писать, lire et écrire.

онъ богатъ, но скупъ,
il est riche mais avare.

когда буду имѣть время.
quand j'aurai le temps.

я пойду гулять, если будетъ хорошая погода.
j'irai me promener, s'il fait beau temps.

говорятъ что онъ боленъ.
On dit qu'il est malade.

я взялъ эту книгу для того, чтобы совѣтоваться съ нею,
j'ai pris ce livre afin de le consulter.

хотя онъ бѣденъ, но честенъ,
quoiqu'il soit pauvre, il est honnête.

онъ пріѣхалъ только сегодня.
il est arrivé seulement d'aujourd'hui

чѣмъ строже съ нимъ поступаютъ, тѣмъ онъ упрямѣе,
Plus on agit sévèrement avec lui, plus il est obstiné.

Allemand

weil,	parce que.
obgleich,	bien que, quoique
obschon,	bien que, quoique
sobald.	sitôt que.
so lange,	tant que
so oft,	toutes les fois que
ungeachtet,	nonobstant que, quoique
so daß,	de sorte que
deshalb,	c'est pourquoi.
mithin,	par conséquent
daher,	de là.
weder... noch,	ni.... ni..
entweder... oder...	ou... ou...
nicht allein.... sondern auch	
non seulement....	mais encore
bald.... bald...	tantôt.. tantôt..
je........desto..	plus... plus..
je mehr.... desto weniger...	
d'autant plus....	d'autant moins.
sowohl... als,	aussi bien... que
teils... teils,	en partie... en partie
nur,	seulement, ne que...

weder das eine, noch das andere
ni l'un, ni l'autre

aber sagen Sie mir, mais dites-moi.
ist er so klug als tapfer?
il est aussi prudent que brave.

Ich weiß nicht wann er kommen wird.
je ne sais pas quand il viendra.

wenn er kommt
s'il vient ou quand il viendra.

Du weißt nicht ob er zu Hause ist.
tu ne sais pas s'il est à la maison.

so wie Sie mich sehen.
tel que vous me voyez.

Wie ist Ihnen? Comment allez-vous?

ehe ein Monat herum ist.
avant qu'il soit un mois.

Ich weiß, daß du mein Freund bist.
je sais que tu es mon ami.

so bald ich Ihren Brief erhalten werde...
Sitôt que je recevrai votre lettre.

je mehr man ihm gibt, desto weniger ist er zufrieden.
plus on lui donne, moins il est content.

Anglais.

till, untill,	jusqu'à ce que
while ou whilst,	tandis que.
after,	après que.
since,	depuis que.
because,	parce que.
though	quoique.
although	quoique.
only,	seulement
not only,	non seulement
in case,	en cas que..
so that,	de sorte que
therefore,	c'est pourquoi
neither... nor,	ni... ni..
either.... or,	ou.... ou..
unless,	à moins que
provided,	pourvu que
just as,	au moment même, où
now, then,	or, donc.
lest	de peur que
else	autrement, sinon.
still, too,	pourtant - aussi
yet,	toutefois.

he is neither covetous, nor prodigal
il n'est ni avare, ni prodigue.

either he is a wise man or a fool
ou il est sage ou il est fou.

he can both read and write,
il sait et lire et écrire.

he was told that his friend was sick.
On lui dit que son frère était malade.

I had rather die than disgrace myself.
j'aimerais mieux mourir que de me déshonorer.

If I can, Si je puis.

as you see, Comme vous voyez

as long as you please,
aussi longtemps que vous voudrez

as far as I know.
en tant que je sache.

whatever you may say, I will not believe you.
Quoique vous disiez, je ne vous croirai pas.

If you do not succeed, it is because
Si vous ne réussissez pas, c'est que...

Italien.	Espagnol.	Portugais.
pure, però, cependant,	con tal che, pourvu que.	quanto mais... tanto mais... plus .... plus...
ciò non ostante, } néanmoins.	pues, luego, donc, or,	contanto que. pourvu que
nondimeno, }	ya que, puisque, vu que-	pois, logo; donc, parce que.
quindi, c'est pourquoi, de là.	asi que, ainsi que.	pois que, puisque
nè.... nè.... ni... ni..	asi pues, ainsi donc.	sem que, sans que
ora... ora... tantôt... tantôt.	asi como.... asi,	assim como, ainsi que
purchè, solo che, pourvu que.	de même que... de même.	mais.... doque, plus.que.
dunque, donc.	sino, } seulement,	de tal sorte que } de manière que.
poichè, giacchè puisque,	mas que, } ne..que.	de maneira que }
atteso chè, attendu que	tanto mas, } d'autant plus que	como quer que, de quelque manière
cioè, c'est-à-dire	cuanto mas }	dado caso que, supposé que.
tanto più chè, d'autant plus que	dado que, } supposé que.	senão, sinon, si ce n'est.
di maniera che, } de manière que	puesto que, }	afim que, afin que
in modo che, }	luego que, sitôt que...	logo que, } sitôt que.
per paura di, de peur que	sea.... sea. soit.... soit.	immédiatamente que }
per qual ragione, d'où vient que	segun, selon, comme.	
quand'anche, quand même	despues que, aussitôt que.	A'manhã se tiver tempo, demain si j'ai le temps. (futur du subj. et non l'indicat.)
posto il caso chè, supposé que	no quiere comer ni beber il ne veut ni manger ni boire.	quizera que domingo fizesse bom tempo: je désirerais que dimanche il fît beau temps. (ici le Conditionnel).
suppostoche, supposé	leer y escribir, lire et écrire.	não sei se hão-de vir. je ne sais s'ils viendront.
Se volete essere felici, amate la virtù: si vous voulez être heureux, aimez la vertu.	sabiduria é ignorancia, savoir et ignorance.	creio que venha ou que vem, je crois qu'il vient (indicat. ou subj.)
perquanto ricco egli sia. quelque riche qu'il soit.	¿ lo entiendes, ó no? Le comprends-tu ou non?	Quando vier, estaremos promptos, Quand il viendra, nous serons prêts.
dicono che la guerra sia dichiarata. On dit que la guerre est déclarée.	le he castigo, pero lo habia merecido. Je l'ai puni, mais il l'avait mérité.	ainda que seja homem honrado, não obstante ser elle, etc. quoiqu'il soit honnête homme.
sono ammalato, ecco perchè non uscirò. Je suis malade, c'est pourquoi je ne sortirai pas.	aunque usted estuviera alli. Quand même vous y seriez.	por ser ricos ou por ricos que sejão. quelque riches qu'ils soient.
ora è contento, ora no. tantôt il est content, tantôt il ne l'est pas.	no viene sino raramente, il ne vient que rarement.	por quanto que seja, Quelque peu que ce soit.
Perchè non parli tu? Pourquoi ne parles-tu pas?	vos sabeis si yo os quiero, cuanto os quiero. vous savez si je vous aime.	ainda que assim fosse, encore qu'il en fut ainsi.
mentre egli era in Francia, pendant qu'il était en France.	habla segun lo entiende il parle comme il l'entend.	com que havia um homem enfermo, Comme il y avait un homme malade.
benchè ou sebbene non le creda più, etc... quoique je ne vous croie plus, etc.	es necesario que le pague. il faut que je le paye.	quer elle queira, quer não. Soit qu'il veuille ou non.
come ou siccome non le piace di dirmi quel che pensa, etc. Puisque vous ne voulez pas me dire ce que vous pensez, etc.	pues ¿ como he de salir? Eh bien! Comment ferai-je pour sortir?	amo-te tanto como a mim mesmo, je t'aime comme moi-même.
Io sono felice purchè vi veda contenta. je suis heureux pourvu que je vous voie contente.	me ha hecho usted demasiados favores para que yo pudiese nunca dudar de su amistad. Vous m'avez rendu trop de services pour que je puisse douter de votre amitié.	tanto quanto posso, autant que je puis.
quand'anche non l'avessi detto. Quand même je ne l'aurais pas dit.	no pude venir ayer, porque estaba enfermo. je ne pus venir hier, parce que j'étais malade.	com tanto que o façais, pourvu que vous le fassiez.
		como quer que seja: de quelque manière que ce soit.
		assim na paz como na guerra. tant en paix qu'en guerre (aussi bien, etc)
		dizei embora o que quizerdes. Dites hardiment ce que vous voulez.
		não porque a cousa seja impossivel, mas porque, etc. non pas que la chose soit impossible, mais parce que, etc.

Russe.		Allemand.		Anglais.	
ахъ!	hé! hélas!	ach!	hélas!	alas!	hélas!
горе!	malheur!	ach Gott!	mon Dieu!	woe!	malheur!
ахти! охъ!	ah! aïe!	weh!	malheur!	ho! o! oh!	ho! o! oh!
ухъ! уфъ!	ouf! hélas!	leider!	malheureusement!	ah! ah!	ah!
эй! гей!	hé! holà!	ei!	hé!	how! what!	Comment! quoi
право!	vraiment!	o, oh!	oh!	well!	Eh bien!
очень хорошо!	fort bien! très bien!	so!	vraiment!	Lord!	Oh, Seigneur!
то-то!	c'est ça!	haha! hi, hi!	ha, ha! hi, hi!	Dear me!	mon Dieu!
слава Богу!	Dieu soit loué!	wohlan!	eh bien!	Bless me!	bon Dieu!
дай Боже!	Dieu le veuille!	Himmel!	Ciel!	Eh!	Eh!
ха! ха! ха!	ha! ha! ha!	Gottlob!	Dieu soit loué!	pshaw! (shô)	bah! fi donc!
хи! хи! хи!	hi! hi! hi!	he! heda!	eh! qui là!	foh!	pouah!
тфу!	pouah!	pfui!	fi!	fie!	fi!
ура! га!	hourra! ha!	juch! juchhe!	hourra! gai!	hurra!	hourra!
сть! тсъ!	silence!	still!	chut! paix!	hurra for...	vive!
тише! молчите!		horch!	écoutez!	bravo!	bravo!
остановись!	halte-là!	halt!	halte-là!	hush! (œ)	chut! paix!
вотъ!	voici!	sieh!	vois! voilà!	hark!	écoutez!
на, возьми!	voilà, prends!	auf!	debout!	lo!	voyez-vous ça!
вставай!	debout!	auf! wohlan!	allons!	halloa!	hola! hé!
вонъ, отсюда!	hors d'ici!	frisch daran!	allons, courage!	up! get up!	debout!
ну, нуже!	allons! eh bien!	fort!	dehors! sortez!	Come!	allons!
чортъ тебя побери!	que le diable t'emporte!	hol' dich der Teufel!	que le diable t'emporte!	farewell!	adieu! adieu!
				zounds!	morbleu!

Inter-

Russe. Allemand. Anglais.

De l'importance des préfixes

On sait que les préfixes dans tous les idiomes, en général, modifient singulièrement, quand ils ne changent pas complètement le sens ou l'acception des mots auxquels ils sont juxtaposés. Mais en russe, outre ce changement d'acception, les particules-préfixes, dans les verbes en particulier, indiquent le commencement de l'action, sa durée ou son accomplissement. Quant aux suffixes ou terminaisons des mots ils ont déjà fait l'objet de remarques spéciales aux pages 16.17.18-19.24.25.27 et 52. Passons donc en revue les principaux préfixes.

без (abrév. de безъ) — sans — donne aux mots un sens contraire. Ex.
честь, honneur.
безчестие, déshonneur.
въ (во ou в). en, dans — donne l'idée

aber, marque excès, dégénération.
Glauben, croyance.
Aberglauben, superstition.
Gott, Dieu | Abgott, l'idole.
after, comme aber, indique que la chose déterminée est fausse, postérieure ou

a — contraction de on, a le sens de l'à français. Ex:
ahead, à la tête | afoot, aux pieds.
all — tout — s'ajoute avec un trait d'union à un très grand nombre de mots dont il intensifie la signification. Ex.

Italien. | Espagnol. | Portugais.

jections ✓

Italien

ah! pur troppo!	hélas! ce n'est que trop vrai!
oh! diamine!	ho, ho! diantre.
que diamine!	que diantre!
davvero!	vraiment!
è così! ebbene!	Eh bien!
oh questa è forte!	En voilà une bonne!
lode al cielo!	Que le Ciel soit loué!
oibò!	fi! fi donc!
bravo! animo!	bravo! courage!
orsù!	allons, courage!
zitto!	chut! paix!
evviva!	vive!
benone!	très bien!
alto!	halte-là!
su, su via!	allons, debout!
largo, largo!	place, place!
basta!	assez!
grazie, grazie!	merci, merci!
addio!	adieu!
aiuto! aiuto!	au secours, à l'aide!
che peccato!	quel dommage!
che seccatura!	quel ennui!
per Bacco!	parbleu!
que diavolo fa?	Que fait-il?

Espagnol

ay, ay de mi!	hélas!
uf!	ouf!
oyes, oye!	oh, écoutez!
que diantre!	que diantre!
que diablos!	que diable!
ojalà!	plût au ciel!
y bien!	Eh bien!
bah!	bah!
bueno!	bon!
bien, muy bien,	bien! très bien!
otra vez! otra vez!	bis! bis!
por cierto, sí!	oui, certes!
ja, ja, ja!	ha, ha, ha!
ji, ji, ji!	hi, hi, hi!
que como!	quoi!
quita, quita allá!	fi! fi donc!
animo, sus!	ferme, courage!
bravo!	bravo!
chito, psit! silencio! callar!	chut! silence!
alto ahí!	halte-là!
vamos! vaya!	allons! allons!
à un lado! à un ladito!	place, place!
atencion! cuidado!	attention! prends garde!
adios!	adieu!
cogele, cogele!	arrête, arrêtez!
ay! que me matan!	à l'assassin!
fuego! ladrones!	au feu! au voleur!

Portugais

ai! hui!	ah! aïe! ho!
ai de mim! meu Deos!	miséricorde, mon Dieu!
oh! ah!	oh! ah!
olà!	hé!
ha, ha, ha!	ha! ha! ha!
oxala!	plût à Dieu!
louvado Deus!	Dieu merci!
O! essa é boa!	bah!
Ah! esta ahi!	ah! vous voilà!
viva!	vive! vivat!
bem! bravo!	bien! bravo!
bem! bem está!	bon!
ainda bem!	à la bonne heure
fora! irra!	fi! peste!
eia! sus! animo!	courage!
calai-vos!	paix! chut!
O! olá!	tout beau! alte! holà!
ora vamos!	allons!
arreda!	gare! place!
guarda-te! repare!	attention!
adeos!	adieu!
ai! gai! jarni!	tudieu! morbleu!

Russe. | Allemand. | Anglais.

dans la formation des mots.

Russe

… de mouvement vers l'intérieur, d'introduction, d'insertion d'une chose dans une autre. Ex:

возка, transport, roulage.
ввозка, importation.

…, воз ou вос, вс — sens d'élévation, de commencement ou de renouvellement de l'action. Ex:

ходить, marcher — et восходить, monter. | желать, désirer, et возжелать, commencer à désirer.

…се — tout — могущій = puissant — et всемогущій, tout-puissant.

…, изо — mouvement en dehors ou de sé-

Allemand

inférieure. Ex:

Rede, discours | Afterrede, calomnie | Kind, enfant — et Afterkind, enfant posthume.

an — à, vers — marque le contact, la contiguïté. Ex:

anliegen, être attenant à,
angränzen, être contigu à,
(de gränzen, confiner).

auf — sur — tendance de bas en haut, idée d'ouverture, d'épanouissement. Ex:
beben, tressaillir | aufbeben, se lever en tremblant. | brechen, rompre, aufbrechen, ouvrir en brisant

Anglais

all-powerfull, tout-puissant.
all-witted, plein d'esprit

anti, contre, opposé à. Ex:
anti-poison, contre-poison.

con, indique l'union comme dans
conjoin, conjoindre.

counter, contrairement — implique l'idée d'opposition. Ex:
counter-sense, contre-sens.
countersign, contre-signer.

de — est privatif et indique aussi l'éloignement. Ex:
feat, haut fait et prouesse, et

Russe

-paration; idée d'extraction, d'action achevée. Ex :
вывозка, exportation.
вырывать, déterrer, déraciner.
лечить, soigner, traiter, et вылечить, guérir (à fond), rétablir.

до - jusque - idée d'achèvement, d'atteindre à un but. Ex :
гнать, chasser, poursuivre, et догнать, atteindre (en poursuivant).
писать, écrire, et дописать, achever d'écrire.

за - derrière, après, par - dans les verbes cette particule marque surtout le commencement de l'action; également l'action de couvrir une chose. Ex :
играть, jouer | заиграть, se mettre à jouer || бросать, jeter, et забросать, combler en jetant.
за correspond aussi à trans - au-delà. Ex.
закавказский, situé au delà du Caucase.

изъ, изо, из et ис, de, hors de. idée d'éloignement, de séparation ou de rupture. Ex :
бѣгать, courir et избѣгать, éviter, fuir | рубить, abattre, et изрубить, trancher, sabrer.

на - sur - au-dessus de - action faite à la surface d'un objet et idée d'entassement, d'accumulation. Ex :
ступать, marcher, aller, et наступать, marcher sur, fouler | набросать, jeter en quantité, entasser.

над (de надъ) надо, même signification que на, avec idée d'une action produite d'en haut. Ex :
смотрѣть, regarder, contempler, et надсматривать, surveiller.

не - ne pas - ne point - indique le défaut, le manque. Ex :
большой, grand, fort - et небольшой, petit. | благородный, noble, et неблагородный, ignoble, vil.

низ (низо) en bas - mouvement vers le bas. Ex :
вести, amener, et низвести, conduire en bas.

о, объ ou обо - de, autour, contre - marque une action produite autour d'un objet, ou une action frauduleuse, et enfin sert à former les aspects parfaits de plusieurs verbes. Ex :
обвести, conduire (autour), enceindre - вѣсить et взвѣшивать, peser, et обвѣшивать, vendre à faux poids. | крестить, baptiser, donne l'asp. parf.t окрестить.

отъ (ото) de, depuis, de chez - indique

Allemand

auffallen, tomber sur.

aus - hors de - idée de sortie, d'éloignement, de destruction, d'accomplissement.
ausgehen, aller dehors | ausbrechen, déborder, sortir (en rompant).

be - se joint à des substantifs, adjectifs, verbes neutres pour en former des verbes actifs - sert aussi à spécialiser en quelque sorte l'action exprimée par le verbe simple. Ex :
Waffen, armes et bewaffnen, armer. | frei, libre et befreien, délivrer. | weinen, pleurer et beweinen, déplorer. | denken, penser et bedenken, méditer. | legen, mettre, belegen mit, couvrir de.

bei - chez - auprès de - marque approche, proximité. Ex :
beikommen, venir auprès de.

durch - au travers - idée de passer à travers. Ex :
brennen, brûler. et durchbrennen, brûler en pénétrant, jusqu'au fond.

ent - marque l'éloignement, la privation, l'origine. Ex :
fern, loin - entfernen, éloigner. | Haupt, tête et enthaupten, décapiter. | springen, sauter, et entspringen, prendre sa source, tirer son origine.

er marque le passage d'un état à un autre, le progrès, l'accomplissement.
blaß, pâle - erblassen, pâlir.
wachsen, croître, et erwachsen, atteindre sa croissance | schlagen, battre, et erschlagen, tuer (en frappant).

erz - (archi) marque supériorité. Ex :
Erzherzog : archiduc.

frei - libre - joint à quelques mots donne l'idée d'affranchissement.
Sinn, sens, sentiment, et Freisinn, esprit franc, libéral.

ab - marque séparation, accomplissement, épuisement. Ex :
abgeben, livrer, remettre (une lettre, etc). | hungern, endurer la faim, abhungern, (sich) s'exténuer faute de nourriture.

ein - en composition marque entrée, mouvement pour pénétrer, action de ceindre. Ex :
einbringen, introduire, importer (des marchandises) | einmauern, enfermer, entourer de murailles.

ge - donne parfois l'idée de contraction,

Anglais

defeat, défaite - decamp, décamper | debark, débarquer.

dis - emporte l'idée de séparation, comme des en français. Ex :
disadvantage, désavantage.
disguise, déguiser.

for - est privatif. Ex :
forget, oublier - forbid, défendre, (de bid : ordonner).

fore - avant - pré. Ex :
foresay, prédire - foresee, prévoir - forerun, précéder.

full - plein - idée de plénitude. Ex :
full-armed, armé de pied en cap - full-dress, habit de gala - full-hearted, plein de courage.

high - haut - qualité portée à un haut degré. Ex :
high-born, qui est de noble naissance - high-life, la vie des classes élégantes.

in - sens négatif, répond à l'un de l'anglais. Ex :
inability, incapacité | inactivity, manque d'activité.
in signifie aussi en, à l'intérieur. Ex :
incase, encaisser | incrust, incruster | inland, pays de l'intérieur.

mis - marque le défaut, l'erreur, répond au préfixe me, mes. Ex :
misadventure, mésaventure - misjudge, juger mal | misfortune, malheur.

out - hors de, outre - qui surpasse, excède.
outline, contour | outgo, dépasser, laisser en arrière. | outlaw, proscrit et proscrire.

over - au-dessus - à travers, au-delà - ajoute une idée d'extension, de recouvrement, de à travers, de renversement, de suspension. Ex :
overdo, faire trop, exagérer | overcast, couvrir | overhear, entendre, surprendre | overturn, renverser, retourner | overhang, être suspendu sur.

pre - répondant au préfixe latin præ avant, devant. Ex :
predict, prédire | predispose, prédisposer | prepay, payer à l'avance | prepare, préparer.

pro - devant, en avant. Ex :
propose, proposer.

re - réitération. Ex :
reoccupy, réoccuper - repay, rembourser.

sub - sous - dénote l'infériorité. Ex :

Russe.

l'éloignement, la séparation et enfin l'achèvement de l'action. Ex: вязать, lier, et отвязать, délier, défaire. | служить, être au service de, et отслужить, achever son service.

пере – (trans. au delà), indique le passage à travers, le terme final d'une action, son renouvellement, etc. плыть, voguer, flotter et переплыть, traverser à la nage. | зимовать, hiverner, et перезимовать, passer l'hiver d'un bout à l'autre. | сказать, dire, et пересказать, redire.

по – par, selon, suivant – indique en général une action diminutive ou de peu de durée, et sert à former l'aspect parfait de plusieurs verbes. погулять, se promener un peu.

подъ – подо – sous, par dessous – action de placer en dessous, de rapprocher ou d'ajouter. Ex: лезть, grimper, entrer dans, et подлезть, se fourrer sous. | лить, verser, et подлить вина, ajouter du vin. | носить, porter, et подносить, approcher.

пре – outre qu'il répond à пере, équivaut au très français. Ex: преглупый, très sot. (Kouyu...)

пред – передъ – предо – devant, par devant – pré – indique une action qui a lieu avant une autre. Ex: предусмотрѣть, prévoir.

при – près, auprès de – (ou есть), action d'approcher, d'ajouter. Ex: приступить, s'approcher, serrer de près. | прилить, verser encore.

про – pour, de – indique un mouvt à travers, une certaine durée de l'action, un dommage, un préjudice. Ex: проходить, traverser | пробѣгать, passer (un certain temps) à courir. | проиграть (de играть, jouer), perdre au jeu.

противъ – contre – indique l'opposition. Ex: противорѣчіе, la contradiction (de рѣчь, discours).

разъ, рас – à part, dé – indique l'action de défaire, de diviser, de se séparer de côté et d'autre. Ex: сѣчь, hacher et разсѣкать, couper (en morceaux) | летать, voler, et разлетѣться, s'envoler (de différents côtés).

съ, со, avec, de, depuis – désigne un mouvement d'en haut, et forme l'aspect perfectif de certains verbes. Ex:

Allemand.

ou de cohésion. Ex: frieren, avoir froid et gefrieren, geler, se congeler.

gegen, contre – marque opposition, contradiction. Ex: Gegenrede, réplique, réponse.

her, idée de rapprochement. Ex: hergehen, venir, approcher.

herab, mouvt de haut en bas vers la personne qui parle. Ex: herabkommen, descendre.

herauf, mouvt ascendant vers la personne qui parle. Ex: heraufkommen, arriver en haut.

heraus – mouvt vers le dehors. Ex: herausbringen, porter dehors.

hin – (et ses dérivés) est opposé à her: donc mouvt vers un lieu éloigné. Ex: hinfahren, se rendre en voiture (à un endroit), s'éloigner.

herum, action de tourner autour de: herumschiffen, doubler un cap.

hinter – en arrière – postérieur. Hinterhut, arrière-garde.

los – action de détacher, idée d'affranchissement. Ex: loslassen, laisser échapper, relaxer.

miß – répond au mé, au mal et au dé français. Ex: handeln, traiter, et mißhandeln, maltraiter.

mit – avec – idée de réunion, de participation. Ex: theilen, partager, et mittheilen, communiquer, faire connaître.

nach – action de venir après, de suivre, de poursuivre. Ex: denken, penser, et nachdenken, (poursuivre une idée) donc réfléchir à.

neben, à côté de. Ex: Nebengebäude, bâtiment adjacent.

über – conserve son acception de sur, au-dessus de. Ex: fallen, tomber, et überfallen, tomber par dessus, surprendre.

um – autour de – sens de tourner, de mettre sens dessus dessous. Ex: fassen, saisir, et umfassen, étreindre, enserrer | Umfang, circuit, périmètre.

un – marque privation, idée contraire – synonyme de mal ou mauvais. Unschuld, innocence (qui n'est pas coupable) + Mensch, homme, et Unmensch, monstre (être dénaturé).

unter, en dessous, opposé à über. Ex: unterbringen, (porter dessous) mettre à l'abri.

ur – marque antiquité, origine. Ex: alt, vieux, et uralt, séculaire.

ver – marque transformation, négation, opposition, destruction. Ex: Kohle, charbon, et verkohlen, se carboniser | achten, estimer, et verachten, mépriser. | kaufen, acheter, et verkaufen, vendre. | blühen, fleurir, et verblühen, se faner.

voll – plein – idée de plénitude. Ex: vollenden, achever, mettre la dernière main à | Vollmond, pleine lune.

vor – devant – souvent action de montrer. Ex: vorbringen, mettre sous les yeux, montrer.

wider – contre, mouvement contre – idée de résistance. Ex: sprechen, parler, et widersprechen (parler contre) contredire. | halten, tenir, et widerhalten, tenir contre, faire résistance à.

Anglais.

subjugate, réduire en sujétion | subway, passage souterrain.

super – sur – dénote la supériorité. superintendent, surintendant. superabound, surabonder.

trans – au delà – au travers. Ex: translate, traduire. | transport, transporter.

un – dénote la négation, la privation. Ex: unaptness, inaptitude | unbelief, incrédulité.

under – en dessous, marque infériorité. Ex: undermaster, sous-maître. underbuy, acheter au rabais. unfair, injuste.

up – haut – élevé. Ex: upland, pays de hautes terres. | upright, vertical, d'aplomb | uphold, élever, soutenir.

Quant au rôle que jouent les particules prépositives ou adverbiales dans la formation des verbes, se reporter à la page 52.

Russe.

сходить съ горы, descendre d'une montagne.
спѣть, avoir chanté (aor-parf.)

у, auprès de - chez - marque l'éloignement, l'enlèvement d'une partie, l'achèvement, le renforcement: et forme quelques aspects parfaits. Ex:
убѣгать, s'enfuir | урѣзать, couper une partie. | бить, battre et убить, tuer, massacrer |
ускорить, accélérer, augmenter la vitesse.

благо - le bien - donne aux composés le sens de bien, de bon. Ex:
благодѣтель (qui fait le bien), bienfaiteur.

много - beaucoup - implique l'idée de grandeur, de pluralité. Ex: многолюдный, (beaucoup de gens) soit: populeux | многоглаголание (de глаголъ, parole; mot), la verbosité, la loquacité.

одно - un seul - éveille l'idée d'unité - Ex:
одновременно, simultanément. (de временно, temporairement, d'où: qui se fait en même temps

послѣ - après - chose qui suit - Ex:
послѣдователь, (qui donne, fait après q.q.), le partisan, l'adhérent.

само - lui-même, par lui-même. Ex:
самовольный, (qui veut par lui-même) donc: volontaire, insubordonné.

Russe. — Allemand. — Anglais.

Règles d'accord.

Russe.

I. Le sujet, l'attribut et la copule s'accordent en genre, en nombre et en cas. Ex:

Богъ есть всемогущъ.
Dieu est tout-puissant.
(sujet - verbe - et attribut - au singulier).

Москва была славна.
Moscou fut célèbre.
(sujet - verbe - et attribut - au fém. sing.)

Люди суть смертны.
Les hommes sont mortels.
(sujet - verbe - et attribut - au masc. pl.)

II. Le verbe быть, exister, être, dans certaines tournures particulières à l'idiome de Moscou, reste au singulier au présent de l'indicatif, mais il varie au prétérit et au futur. Ex:

у него есть деньги.
chez lui est (il a) de l'argent (pl.

у него были деньги.
chez lui étaient (il avait) de l'argent.

III. Les déterminatifs prennent le genre, le nombre et le cas des déterminés.

Его Императорское Высочество было довольно.
Son Altesse impériale fut satisfaite.
(déterminatif et déterminé sont ici au genre neutre)

IV. Deux sujets au singulier demandent le verbe et l'attribut au pluriel. Ex:

Лѣность и праздность суть вредны.
L'oisiveté et la paresse sont nuisibles.

V. Les adverbes de quantité много, beaucoup, мало, peu, etc. veulent le verbe et l'attribut au singulier neutre. Ex.

много было тамъ дѣтей?
il y avait-il beaucoup d'enfants là?

VI. Ainsi qu'en français la 1ère personne a la priorité sur la 2e, et la 2e sur la 3e. Ex.

Allemand.

I. En allemand le verbe s'accorde avec son sujet en nombre et en personne. Ex:

Gott ist groß.
Dieu est grand.
(sujet et verbe au singulier).

Die Gärten sind schön.
Les jardins sont beaux.
(sujet et verbe au pluriel - mais l'adjectif attribut reste toujours invariable).

Diese Frau ist (eine) Malerin.
Cette femme est peintre.

er spielt - wir schreiben -
il joue. nous écrivons.

II. Deux verbes unis par la conjonction und (et) demandent le verbe au pluriel. Ex:

Peter und Paul arbeiten.
Pierre et Paul travaillent.

Mais deux sujets unis par la conjonction ni répétée ou ou répété veulent le verbe au singulier. Ex.

entweder er oder
weder er noch } sein Freund
muß sterben.
ou lui ou (ni lui ni) son ami doit mourir

III. Quand deux sujets sont de différentes personnes, le verbe s'accorde avec la personne qui a la priorité. Ex.

Du und ich, wir wissen es.
toi et moi nous le savons.

IV. Le pronom relatif s'accorde avec son antécédent en genre et en nombre; quant au cas il prend celui qui lui est indiqué par le rôle qu'il joue dans la proposition où il se trouve. Ex:

Hier ist der Mann, welchen ich gestern gesehen habe.
Voici l'homme que j'ai vu hier.

Anglais.

1. Tout verbe s'accorde en nombre et en personne avec son sujet - (mais l'adjectif reste toujours invariable). Ex:

Got is great.
Dieu est grand.

Peter and Paul work.
Pierre et Paul travaillent

these pens are bad.
Ces plumes sont mauvaises.

you, he and I are friends.
vous, lui et moi sommes amis.

II. Quand deux verbes sont unis pa[r] neither... nor - ni... ni - either... o[r] ou... ou, le verbe ne s'accorde qu'avec le dernier. Ex.

neither Paul nor John sleeps
ni Paul ni Jean ne dorment.

neither you nor I am rigth.
ni vous ni moi nous n'avons raison

III. Le participe présent est souvent employé comme adjectif et comme no[m]

a singing bird.
un oiseau qui chante.

the singing of that bird.
Le chant (action de chanter) de cet oiseau.

IV. Le participe présent remplace l'infinitif:

a - après toute préposition, excepté
he did it without consulting his brother.
il le fit sans consulter son frère.

b - lorsque l'infinitif est pris subst[antivemen]t:
reading by candle-ligth hurts the eyes:
lire à la chandelle fait mal aux ye[ux]

c - lorsque l'infinitif est précédé d'un des verbes continuer, s'empêcher de,

Allemand.

wieder - de rechef - se rend en français par re, ré. Ex: wiederholen, répéter | Schall, son, bruit, et Wiederschall, résonnance, répercussion.

zer - marque séparation violente des parties, destruction, dissolution. Ex:
zerspringen, se fendre en éclatant.
zerfallen, se briser en tombant.

zu - à - vers - tendance et mouv^t vers - idée d'achèvement - Ex:
zulaufen, courir vers, accourir (de laufen courir) | nehmen, prendre et zunehmen, (prendre en croissance) donc: augmenter - grandir.

zurück et **rück** - mouvement en arrière - action de renvoyer - Ex: zurückgehen, rétrograder, reculer. | Schlag, coup et Rückschlag, répercussion, contre-coup.

zwischen - entre - mitoyen - intermédiaire. Ex: Raum, espace, et Zwischenraum, espace intermédiaire.

Nota — Les préfixes dans les langues d'origine latine (français, italien, espagnol et portugais) ayant les mêmes rapports, il n'en sera pas fait mention dans ce chapitre —

Italien. Espagnol. Portugais.

Règles d'accord.

__Observation__ — Dans les langues d'origine latine il suffit d'un peu d'attention pour comprendre les règles qui peuvent régir l'accord des trois parties d'une proposition: sujet - verbe - attribut ou complément; nous n'en dirons donc que fort peu de chose.

Italien

I. Le participe passé conjugué avec l'auxiliaire essere (être) s'accorde en nombre et en personne avec son sujet.
il fratello e la zia sono partiti.
le frère et la sœur sont partis.

Si le participe passé est employé avec avere (avoir), il peut s'accorder ou ne pas s'accorder avec son complément.
ho letto (ou letta) questa lettera.
j'ai lu cette lettre.
Che libri avete letti?
quels livres avez-vous lus?
Che lettere hanno scritte?
quelles lettres ont-ils écrites?

Toutefois il y a toujours accord quand le complément est un pronom. Ex:
quanti libri avete comprati (ou comprato?)
ne ho comprati cinque.
Combien de livres avez-vous achetés?
j'en ai achetés cinq.

II — Le gérondif équivaut au participe présent précédé de en. Ex:
Ella me disse piangendo.
Elle me dit __en pleurant__.

III — Le participe présent est remplacé parfois par l'infinitif précédé de con (avec) ou in (dans). Ex:
__nell'uscire__ di casa, l'ho veduto fuggire.
En sortant de chez moi, je l'ai vu s'enfuir.

Espagnol

__Règle importante__ — Lorsqu'un verbe actif a pour complément direct une personne ou un être animé, on fait précéder le régime de la préposition à.
La madre ama __à__ la hija.
La mère aime la fille.

I. Le participe passé conjugué avec haber (avoir), est toujours invariable.
La carta que he escrito
La lettre que j'ai écrite.

Si le participe passé est employé avec tener dans un sens actif, il varie, que le régime précède ou suive:
tengo leida la carta.
j'ai lu la lettre.
Los libros que tengo comprados
Les livres que j'ai achetés.

II. Le participe passé conjugué avec les auxiliaires ser et estar s'accorde en genre en nombre et en personne. Ex:
La casa es edificada.
La maison est bâtie.
estamos muy ocupados
Nous sommes occupés (très).

III. De même qu'en italien (V. ci-contre - § III) le participe présent est aussi rendu par l'infinitif. Ex:
Ayer __al salir__ de casa de Vd, encontré al señor X.
hier en partant de chez vous, j'ai rencontré M^r X.

IV. Le gérondif espagnol tient lieu

Portugais

__Règle importante__ — quand le complément direct d'un verbe est un nom de personne ou de chose personnifiée, ce complément presque toujours précédé de la prépos. a. Ex:
amar __a__ Deus.
aimer Dieu.

I. Le participe passé prend le genre et le nombre du substantif modifié.
baluartes destruidos.
des remparts détruits.
passada aquella hora.
passée cette heure.

Conjugué avec ser et estar, le partic. passé est égal^t variable. Ex:
Ellas estão descalças.
Elles sont nu-pieds!

II. Les part. passés réguliers (V. p. 71-73) conjugués avec ter ou haver sont invariables.
Ellas tinham descalçado as botinas.
Elles s'étaient déchaussé les bottines.
— Les part. pas. irrég. sont conjugués avec ser ou estar. —

III. Le participe présent se rend quelquefois par l'infinitif personnel précédé de a
Vesa esses grupos de creanças __a brincarem__ __à__ sombra.
Vois ces groupes d'enfants __se jouant__ à l'ombre.

Russe.

ты и я будемъ гулять сегодня.
toi et moi nous nous promenerons aujourd'hui.

VII — Le masculin ayant la priorité sur le féminin, un adjectif se rapportant à deux noms de différents genres, se mettra au masculin pluriel.

славные цари и царицы.
Les rois et les reines célèbres.

VIII — Les adject. numéraux terminés par le nombre одинъ (un) veulent le substantif au singulier. Ex:

тридцать одинъ рубль.
trente et un roubles.

IX — Les substantifs, adjectifs, adverbes et verbes ayant même radical, demandent les mêmes cas. Ex:

вредъ ближнему, le tort fait au prochain.
вредить ближнему, nuire à son prochain.
вредя ближнему, en nuisant à son prochain.

Dans les trois cas précités, substantif, verbe et gérondif sont suivis du datif.

X — Un verbe employé dans des cas différents demande aussi des cas différents. Ex.

говорить правду (acc.), dire la vérité.
говорить о дѣлѣ (loc.), parler d'une affaire.
говорить языкомъ (inst.), parler une langue.

XI — Les verbes prépositionnels (ayant un préfixe tiré d'une préposition) demandent à être suivis de la même préposition ou d'une autre correspondante.

вступать въ домъ.
entrer dans la maison.
взойти на гору.
gravir la montagne.

Les deux particules prépositives взо ou воз et на étant synonymes, c.-à-d. sens d'élévation.

Construction.

La langue de Tolstoï, de Tourguénieff, emploie fréquemment les inversions en donnant ainsi à la phrase un tour plus harmonieux et plus hardi sans rien lui enlever de sa clarté.

Les lettres majuscules se mettent, comme en français, devant les noms propres et au commencement des phrases.

Allemand.

welchen est au masc. sing. et au cas accus.

V — L'emploi du pronom neutre es est assez fréquent dans la forme indéterminée suivante:

es kommt Jemand: quelqu'un vient. | es kommen Männer: il vient des hommes. | es wird getanzt, on danse.

La forme verbale impersonnelle est aussi très usitée. Ex: es grauset mir: j'ai horreur | mir ekelt ou es ekelt mich: j'ai du dégoût.

VI — L'infinitif est général^t précédé de la particule zu. Ex: er wünscht mit Ihnen zu sprechen: il désire vous parler.

Quand on veut indiquer précisément le but, on ajoute um. Ex: Ich komme, um mit Ihnen zu sprechen: je viens pour vous parler.

— devant certains verbes zu se supprime. Ex:

Ich darf hoffen: j'ose espérer.

VII — Le participe présent et le part. passé sont égal^t employés comme adjectifs. Ex:

Der sterbende Greis | Ein gekröntes Haupt
Le vieillard mourant. | une tête couronnée

Le part. passé remplace aussi quelquefois l'impératif, l'infinitif et même le participe présent. Ex:

gespielt! jouons ou jouez! | Das heißt gearbeitet: cela s'appelle travailler. | er kam gelaufen, gesprungen: il vint en courant, en sautant.

— er hat bezahlen müssen (pour gemußt): il a dû payer.

De la construction.

La construction en allemand s'écarte singulièrement de la construction en français. Ainsi, le mot principal est souvent précédé des mots accessoires. Ex: Ein gegen Jedermann höflicher Mann: Un homme poli envers tout le monde. Diese Frau liebt ihre Kinder nicht: Cette femme n'aime pas ses enfants. Le mot qui est en quelque sorte la clef de la phrase, se place à la fin de celle-ci.

Voici les règles les plus essentielles:

I — Les pronoms personnels régimes se mettent après le verbe. Ex: Er schreibt es mir (l'acc. préc. le dat.): il me l'écrivit.

II — Si les régimes sont autres que des pronoms personnels, le compl. indirect précède le compl. direct. Ex: Ich habe Ihrem Bruder ein Buch geliehen: j'ai prêté un livre à votre frère.

III — Le sujet se met après le verbe (inversion):

1° quand la prop. commence par un complément, un adverbe. Morgen komme ich nicht: Demain je ne viendrai pas.

2° quand la prop. qui suit sert de complément à celle qui la précède. Wenn er kommt, gehe ich fort: S'il vient, je m'en vais.

IV — Se placent ordinairement à la fin de la phrase:

a — la négation nicht, ne..pas. Ex: Ich sehe ihn nicht: je ne le vois pas. | b. l'adverbe qualifiant le verbe: Sie singt dieses Lied schön: elle chante bien cette chanson. | c — les particules prépositives: Was machen Sie damit? qu'en faites-vous? | d — les préfixes séparables des verbes: Ich werfe dem Schüler seine Faulheit vor: je reproche à l'élève sa paresse | e — le part. passé et l'infinitif: Was haben Sie gemacht? Qu'avez-vous fait? — Ich werde es Ihnen bezahlen: je vous le paierai. | Enfin il y a rejet du verbe quand la proposition commence par un pronom relatif ou certaines conjonctions. Ex: Derjenige welcher zufrieden ist, ist glücklich: Celui qui est content, est heureux. — Ich glaube, daß er sehr traurig ist: je crois qu'il est bien triste — Ich weiß nicht, ob er glücklich ist: je ne sais s'il est heureux.

V — Certains modes personnels se traduisent soit par un infinitif passé, soit par un part. présent. Ex: nachdem er gesprochen hatte, verließ er die Versammlung (trad^t: après qu'il eût parlé, il quitta...) après avoir parlé il quitta l'assemblée — er weinte indem er redete: il pleurait en parlant.

Anglais.

se proposer de, renoncer à, et quelques autres. Ex.

I cannot help laughing.
je ne puis m'empêcher de rire.

I purpose going to London
je me propose d'aller à Londres.

V — Le participe présent remplace le part. passé quand on a en vue une action présente ou simultanée à une autre action. Ex.:

I was lying on the grass.
j'étais couché sur l'herbe.

— après les conjonctions lorsque, puisque, pendant que, etc. Ex:

the boy having done what..
Lorsque l'enfant eut fait ce qu'on...

— On se sert aussi du part. prés. avec un sens passif pour indiquer un fait présent. Ex:

Our house is building.
On bâtit notre maison.

VI — Le participe passé et le participe présent en anglais sont invariables. Ex.:

working women.
Des femmes travaillant.

loved mothers.
Des mères aimées.

VII — L'infinitif anglais peut être sujet. Ex.

to play is pleasant.
jouer est agréable.

— Il remplace aussi le subjonctif français. Ex.:

I believe him to be honest.
je crois qu'il est honnête.

It is important for you to learn by heart.
Il est important que vous appreniez par cœur.

VIII — Le plus-que-parfait anglais prend excep.t le sens du conditionnel passé. Ex.

We had killed her on the spot
Nous l'aurions tuée sur le lieu.

If he should come = S'il vient.

IX — Le conditionnel passé des verbes devoir et pouvoir se rend de la façon suivante:

I should have spoken,
(je devrais avoir) j'aurais dû parler.

We could not have saved them.
nous n'aurions pas pu les sauver.

Construction.

Elle est directe ou inverse. Ex.

the man whom I seek. = L'homme que je vois.

were I in his place.
Si j'étais à sa place.

Italien.

De l'infinitif employé subst.t ou avec les prép. a - da - di.

Lo scrivere è un arte.
écrire est un art.

Il leggere buoni libri.
La lecture de bons livres.

Pronto ad eseguir le imposte cose:
Prêt à exécuter les choses imposées.

un pezzo difficile da suonare:
Un morceau difficile à jouer.

sono curioso di vederla
je suis curieux de la voir.

---

supponendo lei essere partita:
supposant qu'elle était partie.

Io credo essere ferito
Je crois que je suis blessé.

Construction.

La langue italienne, ayant surtout en vue l'harmonie, emploie fréquemment l'inversion. Ex:

finita la guerra, l'armata ritornò alla patria.
La guerre (étant) finie, l'armée retourna dans la patrie.

Espagnol.

du participe présent en franç.

escribiendo una carta.
écrivant une lettre.

Ce gérondif employé avec les verbes *estar, ir, andar,* etc exprime (comme nous l'avons déjà vu en anglais et en italien) une idée de simultanéité, de continuité dans l'action. Ex:

esta durmiendo,
il dort (il est en train de dormir.)

Le vi, dibujando.
je le vis dessiner. — de là l'idiotisme:

esta comiendo,
il est à table.

De l'infinitif employé substantivement ou conjointement avec certaines prépositions.

el trabajar me gusta
le travail me plaît.

he de dar.
il faut que je donne.

es de presumir.
il est à présumer.

aqui no hai que ver,
ici, il n'y a rien à voir.

voy a oir misa.
je vais entendre la messe.

lo haré por ser Vd.
Je le ferai parce que c'est vous.

Por ser pobre esta muchacha.
Puisque cette fille est pauvre.

es notorio ser este hombre un ladron.
il est notoire que cet homme est un voleur.

Construction.

La langue espagnole de même que la langue italienne, aime à donner à la phrase un tour hardi et élégant, de là des inversions fréquentes. Ex:

Feliz el reino donde viven los hombres en paz!
Heureux le royaume où les hommes vivent en paix!

Portugais.

IV — L'article défini a la propriété de substantiver l'infinitif et même les adjectifs et autres mots. Ex

O amar a patria é sentimento natural.
(aimer la patrie) ou: L'amour de la patrie est un sentiment naturel.
o como, le comment — o porque

Autres tournures idiomatiques.

Por ella morrer, haveis de morrer?
Parce qu'elle meurt, faut il que vous mouriez? (ici l'infinitif est rendu par le subjonctif.)

Elles forão enforcados por furtarem (infin.t pers.)
Ils ont été pendus pour vol (pour avoir volé)

para poderem dizer (afin qu'ils puissent dire, afin de pouvoir dire. etc. etc.

Construction.

L'inversion est fréquemment employée. Ex.:

combatendo, os homens aprendem a vencer.
En combattant, les hommes apprennent à vaincre.

22 juillet 8

Index.

www.ingramcontent.com/pod-product-compliance
Ingram Content Group UK Ltd.
Pitfield, Milton Keynes, MK11 3LW, UK
UKHW020924120726
13693UKWH00003B/1121

9 782019 147464